MIX
Papier aus verantwortungsvollen Quellen
Paper from responsible sources
FSC® C105338

Nicole Borchert

Die Vermittlung zwischen Individuum und Gesellschaft

Psychoanalytische und sozialpsychologische Betrachtungen

Diplomica Verlag GmbH

Borchert, Nicole: Die Vermittlung zwischen Individuum und Gesellschaft:
Psychoanalytische und sozialpsychologische Betrachtungen.
Hamburg, Diplomica Verlag GmbH 2013

Buch-ISBN: 978-3-8428-9475-4
PDF-eBook-ISBN: 978-3-8428-4475-9
Druck/Herstellung: Diplomica® Verlag GmbH, Hamburg, 2013

Bibliografische Information der Deutschen Nationalbibliothek:
Die Deutsche Nationalbibliothek verzeichnet diese Publikation in der Deutschen
Nationalbibliografie; detaillierte bibliografische Daten sind im Internet über
http://dnb.d-nb.de abrufbar.

Das Werk einschließlich aller seiner Teile ist urheberrechtlich geschützt. Jede Verwertung außerhalb der Grenzen des Urheberrechtsgesetzes ist ohne Zustimmung des Verlages unzulässig und strafbar. Dies gilt insbesondere für Vervielfältigungen, Übersetzungen, Mikroverfilmungen und die Einspeicherung und Bearbeitung in elektronischen Systemen.

Die Wiedergabe von Gebrauchsnamen, Handelsnamen, Warenbezeichnungen usw. in diesem Werk berechtigt auch ohne besondere Kennzeichnung nicht zu der Annahme, dass solche Namen im Sinne der Warenzeichen- und Markenschutz-Gesetzgebung als frei zu betrachten wären und daher von jedermann benutzt werden dürften.

Die Informationen in diesem Werk wurden mit Sorgfalt erarbeitet. Dennoch können Fehler nicht vollständig ausgeschlossen werden und die Diplomica Verlag GmbH, die Autoren oder Übersetzer übernehmen keine juristische Verantwortung oder irgendeine Haftung für evtl. verbliebene fehlerhafte Angaben und deren Folgen.

Alle Rechte vorbehalten

© Diplomica Verlag GmbH
Hermannstal 119k, 22119 Hamburg
http://www.diplomica-verlag.de, Hamburg 2013
Printed in Germany

Inhaltsverzeichnis

1. Einleitung   **5**

1.1 Was ist Vermittlung?   5

1.2 Die Ausgangsproblematik   7

1.3 Zielsetzung und Herangehensweise   9

1.4 Anmerkungen zum Aufbau dieser Arbeit   12

Teil A

2. Donald W. Winnicott und die psychoanalytische Pädagogik   **14**

2.1 Leben und Werk   14

2.2 Die Theorie der emotionalen Entwicklung   15

3. Der Beginn der Vermittlung   **17**

3.1 Ich und Selbst   17

3.2 Ich-Integration   19

3.3 Omnipotenzerfahrung und Realitätsprinzip   21

3.4 Von der absoluten zur relativen Abhängigkeit   25

3.5 Übergangsphänomene und –objekte   27

4. Vermittlungen des Selbst   **28**

4.1 Vermittlung als soziale und individuelle Aufgabe   28

4.2 Das „wahre Selbst" – Der Kern der Identität   29

4.3 Das „gefügige Selbst" und Vermittlung   31

4.4 Das „falsche Selbst"   33

4.4.1 Zur Konstitution des falschen Selbst   *33*

4.4.2 Formen des falschen Selbst und die Gefahr der Spaltung   *36*

5. Voraussetzungen für Vermittlung   **39**

5.1 Spiel, Kreativität und der „potenzielle Raum"   39

5.2 Der Beitrag der Umwelt   43

6. Zusammenfassung: Vermittlung bei D.W. Winnicott   46

Teil B (Vergleich)

7. George H. Mead und die Sozialpsychologie   49
7.1 Mead als Sozialpsychologe und Sozialphilosoph   49
7.2 Der symbolische Interaktionismus   51

8. Identitätsentwicklung   54
8.1 Identität: „I" und „Me"   54
8.2 Subjektivität und Identität   57
8.3 Zur Konstitution des Ichs   59
8.4 Selbstbewusstsein   63

9. Voraussetzungen für Vermittlung   66
9.1 Spielen und Kreativität   66
9.2 Die Rolle der Umwelt   69
9.2.1 Identität als gesellschaftlicher Prozess   *69*
9.2.2 Sozialität   *71*

10. Zusammenfassung: Vermittlung bei G.H. Mead   74

11. Resümee   77

12. Literaturverzeichnis   80
12.1 D.W. Winnicott   80
12.2 G.H. Mead   82

... „die verschiedenen elementaren Ichs, die zusammen ein gesamtes Ich ausmachen und sich zu einem gesamten Ich organisieren, sind nur verschiedene Aspekte der Struktur des gesamten Ich; sie entsprechen den verschiedenen Aspekten des gesamten sozialen Prozesses."
(George Herbert Mead: Sozialpsychologie, S. 271)

... „so ist doch die andere Tatsache ebenso wahr, daß jedes Individuum ein Isolierter ist, in ständiger Nicht-Kommunikation, ständig unbekannt, tatsächlich ungefunden."
(Donald Woods Winnicott: Reifungsprozesse und fördernde Umwelt, S. 245)

1. Einleitung

1.1 Was ist Vermittlung?

Allgemein wird im umgangssprachlichen Gebrauch unter dem Begriff Vermittlung eine Art Schlichtung verstanden, welche von einer dritten Instanz zwischen zwei Parteien ausgeht. So soll beispielsweise eine dritte, vermeintlich neutrale Person zwischen zwei in Streit geratene Menschen „vermitteln", indem sie beide Seiten anhört und die Diskussion auf ein friedliches Ende hin lenkt. Dabei versucht diese Person die Interessen beider Parteien zu berücksichtigen und möglichst eine Einigung herbeizuführen, die den Bedürfnissen beider entspricht.

Der lateinische Terminus *Mediation*, der übersetzt „Vermittlung" bedeutet, beschreibt die „harmonisierende Vermittlung bei persönlichen oder sozialen Konflikten", wie zum Beispiel zwischen Scheidungsparteien (Duden Band 5: 615).

Die verschiedenen Verwendungsweisen des Begriffes stimmen dahin gehend überein, dass Vermittlung etwas ist, was zwischen zwei Seiten beziehungsweise zwischen zwei oder mehreren Subjekten stattfindet. Vermittlung gehört demnach auch zur sozialen Interaktion und setzt eine Beidseitigkeit in dem Sinne voraus, dass eine gegenseitige Bezugnahme erfolgen muss. Was durch diesen Prozess generiert wird, trägt zwar Teile von beiden Seiten in sich, ist aber dennoch etwas völlig „Neues", das weder dem einen noch dem anderen ähnlich ist.

Sprechen wir in diesem Kontext von „Vermittlung", impliziert eine gegenseitige Bezugnahme auch eine wechselseitige Einflussnahme beziehungsweise Beeinflussung. Dies hat weiter gedacht zur Folge, dass durch die Vermittlung zwischen Individuum und Gesellschaft beide Parteien stetig eine mehr oder weniger gravierende Veränderung erfahren; der gesellschaftliche Kontext hat Einfluss auf das Verhalten und Denken der einzelnen Person, sowie die Verhaltensweisen der Mitglieder einer Gesellschaft diese selbst transformieren. Individuum und Gesellschaft befinden sich seit jeher in einem korrelativen Verhältnis, das auch als ein Abhängigkeitsverhältnis zu beschreiben ist. Einerseits hat man oft das Gefühl, durch die in einer Gemeinschaft notwendige Anpassung ein Stück „Freiheit" aufzugeben, auf der anderen Seite wird uns gerade in diesem gesellschaftlichen Bereich auch wieder eine gewisse Freiheit eingeräumt. Diese Diskrepanz zwischen

Anpassung und dadurch subjektiv eingebüßte, aber gleichzeitig auch daraus resultierende Freiheit macht Vermittlung, verstanden als reflexive Bezugnahme zwischen dem Einzelnen und dem sozialen Umfeld, zu einem komplexen Unterfangen; Vermittlung kann daher als Aporie verstanden werden, als ein „Problem", dessen „(Auf)lösung" nicht möglich ist. Andererseits würde eine Lösung des Problems bedeuten, eine Seite hätte sozusagen „Recht bekommen" beziehungsweise eine Seite würde in die andere völlig aufgehen. Es ist nicht möglich, dass der Einzelne in die Gesellschaft oder die Gesellschaft in den Einzelnen irgendwie aufgeht. Man könnte sagen, dass durch die gedachte Lösung des Problems das eigentliche Problem erst entstünde, da in diesem Fall eine der beiden Seite seine Existenz verlieren müsste. Bezieht man Vermittlung auf die Verhältnisbestimmung von Individuum und Gesellschaft, muss man grundsätzlich von einer Unlösbarkeit des „Problems Vermittlung" ausgehen.

Eine weitere umgangssprachliche Verwendung des Vermittlungsbegriffs bezieht sich auf die „Vermittlung" von Wissen; in diesem Kontext ist die Darlegung von mehr oder weniger fundierten Inhalten gemeint. Korrelierend mit dieser Semantik steht Vermittlung hier auch mit Aneignung in Verbindung. Wir machen uns beispielsweise in Bildungsveranstaltungen präsentiertes „Wissen" zu eigen, indem wir dieses in bestehende subjektive Denk- und Handlungsmuster einbauen, wodurch sich einerseits die Inhalte, andererseits auch die bestehenden Denkmuster verändern können. Auch bei dieser begrifflichen Verwendung impliziert Vermittlung einen Dualismus; beide Seiten machen einen Vermittlungsprozess durch, denn auch die Seite, die vermeintliches Wissen darlegt, kann durch den eigensinnigen Aneignungsprozess beeinflusst und verändert werden. Auch wenn diese semantische Facette des Vermittlungsbegriffs im Kontext dieser Arbeit nicht explizit gemeint ist, sind einige Parallelen zu konstatieren.

Gehen wir hierzu von einem Subjekt aus, das sein Selbst mit der ihn umgebenden Welt vermittelt, findet auch hier eine Art Darlegung und Präsentation statt; die bestehende Welt, in welche das Kind im Zuge des Sozialisationsprozesses eingeführt werden soll, wird ihm als feststehendes Gebilde offenbart. Indem es jedoch sein Selbst mit den vorgefundenen Objekten und Subjekten „vermittelt", das heißt indem es seine eigene Person zu dieser Umwelt in Beziehung setzt, verändert es die Dinge dadurch, dass es diese sich aneignet. Durch diesen Prozess konstituiert sich das Ich, die Identität. Andererseits kann die Umgebung, vor allem die soziale, immer wieder Transformationen unterliegen.

Grundlegend befinden sich Individuum und Gesellschaft in einem wechselseitigen Verhältnis. Diese Wechselseitigkeit ist eine notwendige, auf welcher die Existenz beider beruht. Das wechselseitige und in sich auch widersprüchliche Verhältnis zwischen Subjekt und Umwelt muss immer wieder neu hergestellt, beziehungsweise ausbalanciert werden; Vermittlung könnte man als Instrument für diesen Prozess bezeichnen.

Vermittlung hat in allen Verwendungsweisen etwas mit Reflexivität zutun; Voraussetzung ist die Bezugnahme eines Bereiches auf einen anderen. Im Falle der Vermittlung von Individuum und Gesellschaft ist diese Bezugnahme von Beginn des Lebens an immanent. Um die eine „Seite", die des subjektiven, persönlichen Bereichs ausbilden zu können, ist diese Referenz auf das soziale Umfeld notwenig; das Umfeld impliziert bereits das Subjekt, da sich Gesellschaft durch und über die einzelnen Mitglieder konstituiert und transformiert.

Das Individuum kann es nicht ohne diese soziale Referenz geben, da Vermittlung die Voraussetzung für einen Menschen ist, welchen man als Subjekt mit eigener Identität bezeichnen kann. Ist von Gesellschaft und Individuen die Rede, muss von einer semantischen und existenziellen Einheit ausgegangen werden; eine Einheit, in der doch beide Teile für sich sichtbar sind, die jedoch dennoch nicht getrennt werden können, da die Existenz beider Teile durch den jeweils anderen bedingt ist.

1.2 Die Ausgangsproblematik

Die Vermittlung zwischen Individuum und Gesellschaft stellt eines der Grundprobleme in pädagogischen Diskursen dar. In Mittelpunkt des Interesses vonseiten der Wissenschaft und der pädagogischen Praxis steht die Frage, wie der Eigensinn des Individuums mit dem gesellschaftlichen Auftrag von Bildung und Integration zu vereinbaren ist.

Diese Problematik stellt sich nicht nur in pädagogischen und bildungspolitischen Kontexten, sondern begegnet uns in fast jeder Lebenslage. Da das Individuum nur als Teil eines großen Ganzen, der Gesellschaft, gedacht werden kann, ist eine Herauslösung aus dem sozialen Umfeld nicht möglich. Aus diesem Grund erscheint es unmöglich zu erfassen, was genau das Subjektive, das man als „Kern" der Identität bezeichnen kann, darstellt und impliziert. Trotz dieses Problems scheint es für die Meisten keine Schwierigkeit darzustellen, die Existenz eines solchen inneren Kerns anzunehmen.

Da wir als Teil einer Gemeinschaft aufwachsen und von Beginn unseres Lebens in einem wechselseitigen Verhältnis zu unserem Umfeld stehen, kann dieser Kern nicht unabhängig betrachtet werden. Es hängt zum großen Teil von unserer Umwelt und der Art und Weise unseres Aufwachsens ab, welche Anteile des „wahren Selbst" zum Vorschein kommen. Auch wenn davon ausgegangen werden kann, dass ein Mensch von Geburt an ganz bestimmte für ihn charakteristische Eigenschaften in sich trägt, entscheidet die Sozialisation maßgeblich darüber, wie ein Mensch *wird*. Sprechen wir vom „Werden" eines Individuums, ist damit bereits angedeutet, dass Identität als ein Prozess, als Entwicklung zu verstehen ist. Das Menschsein ist von einer „Entwicklungstatsache" bestimmt; Menschen *sind* nicht einfach, sie *werden*, oder genauer: Sie „werden erst, was sie sind" (Sesink 2001: 53). Die Potenziale für diese Entwicklung des Seins sind mit der Geburt gegeben, sie sind latent vorhanden; die Verwirklichung dieser Potenziale jedoch ist ein Prozess, welcher durch verschiedene Faktoren beeinflusst wird.

Die eigene Potenzialität mit den Einflüssen der Umwelt zu vermitteln, das heißt beide Seiten aufeinander zu beziehen, stellt sich sowohl als individuelle, als auch als soziale und gesellschaftliche Aufgabe. Schon bei Erziehungsfragen sehen die meisten Eltern ihre Aufgabe auch darin, ihr Kind entsprechend zu fördern, das heißt beispielsweise Talente zu erkennen und weiterzuentwickeln, aber ihr Kind eben auch zu einem Mitglied der Gesellschaft zu erziehen. Als ein solches Mitglied muss sich das Individuum relativ unabhängig von der eigenen Potenzialität ein Stück weit anpassen und unterordnen. Anpassung ist im Allgemeinen meist sehr negativ konnotiert, da oft die Vorstellung mitschwingt, dadurch auf irgendeine Weise Teile der Persönlichkeit einbüßen zu müssen; völlig an ihre Umwelt angepasste Menschen erscheinen uns als „Mitläufer", die nicht den Mut zu einer eigenen Meinung haben und immer mit dem „Strom" schwimmen. Ein solcher Mensch hat sich nach dem allgemeinen Empfinden für den einfachsten Weg entschieden:

Der Meinung der Mehrheit folgen und immer tun, was von ihm verlangt wird. Der hohe Preis für dieses „einfache Leben" scheint ein wichtiger Teil der Persönlichkeit zu sein. Dieser Teil, der bei völliger Anpassung und Unterordnung ein Stück weit aufgegeben wird, scheint uns als einzigartigen Menschen auszumachen; Donald W. Winnicott, dessen Theorie ich in Verlauf meiner Arbeit darstelle, spricht diesbezüglich vom „wahren Selbst" als Kern unserer Identität.

Grundsätzlich geht man zunächst davon aus, dass unsere Persönlichkeit als Ausdruck dessen, was man ist, durch jene Anteile gebildet wird, die dem wahren Selbst zugehörig sind. Äußere Einflüsse erscheinen hierbei oftmals als Störfaktoren, die es zu umgehen gilt.

Integration ist aufgrund der Vorstellung von Anpassung und Selbstaufgabe negativ konnotiert; dabei wird nicht berücksichtigt, dass eine gewisse Anpassung die Freiheit einräumt, sein „wahres Selbst" zum Ausdruck zu bringen. Persönlichkeit oder Identität stellt immer eine Mischung dessen dar, was wir von Geburt an als Potenziale mitbringen und dem, was aus uns *wird*, das heißt, wie wir uns als Teil einer Gemeinschaft entwickeln. Der Kern unseres Selbst, den Winnicott „wahres Selbst" nennt, kann nur im sozialen Kontext der Gesellschaft Realität werden; wir *sind* also nicht von Beginn unseres Lebens an, sondern tragen lediglich die Möglichkeiten zu dem in uns, was wir sein *können*. Um zu *sein,* müssen wir demnach werden, und dies kann nur im Rahmen unseres Umfeldes geschehen. Vermittlung in diesem Sinne ist also Grundvoraussetzung für das Sein, da die korrelative Bezugnahme von Potenzialität und Möglichkeiten zur Realisation erforderlich ist.

1.3 Zielsetzung und Herangehensweise

In der folgenden Arbeit soll dieses „Problem" der Vermittlung auf der Grundlage eines exemplarischen Vergleichs zweier auf den ersten Blick durchaus recht unterschiedlich wirkenden Ansätzen dargestellt werden. Zu dieser vergleichenden Analyse dient zunächst die psychoanalytische *Theorie der emotionalen Ent*wicklung von Donald Woods Winnicott, welcher seine Einsichten vor allem auf seine praktische Tätigkeit als Kinderarzt uns Psychologe, sowie auf seine theoretisch fundierte, an Sigmund Freud angelehnte psychoanalytische Ausbildung stütze.

Diese Theorie möchte ich im Verlauf meiner Arbeit mit ausgewählten Stellen aus den Schriften des Sozialpsychologen George Herbert Mead vergleichen, der von einem sozialpsychologischen Behaviorismus ausgehend das soziale Verhalten im Rahmen eines *symbolischen Interaktionismus* analysierte.

Sowohl in der Psychologie als auch Soziologie wird der Mensch als Individuum im gesamtgesellschaftlichen Kontext betrachtet. Damit haben Winnicott und Mead den gleichen Ausgangspunkt; der Mensch als soziales und interaktionelles Wesen kann und darf nur als Teil einer Gemeinschaft analysiert werden. Da beide von dieser Grundannahme ausgehen, stellt die Vermittlung zwischen Individuum und Gesellschaft auch für beide ein zentrales Thema dar.

Diese Arbeit soll herausstellen, wie beide dieses Thema argumentativ entwickeln; was bedeutet Vermittlung in diesem Zusammenhang und warum muss die vonseiten der Gesellschaft und von der einzelnen Person ausgehend erbracht werden? Kann man überhaupt von einer vollkommenen und „gelungenen" Vermittlung sprechen? Und falls ja, welche Bedingungen und Voraussetzungen müssen gegeben sein?

Eine weitere wichtige Frage, die vor allem Winnicott aufgrund seiner praktischen Arbeit mit Kindern beschäftigte ist die, wie das Umfeld, vornehmlich die Eltern, dem Kind beziehungsweise dem Säugling den Eintritt in die soziale Welt und damit gleichsam den Eingang in die Vermittlungsauseinandersetzung erleichtern und ermöglichen können.

Korrelierend mit der Vermittlungsthematik wird ausführlich auf die Begriffe des Ichs, der Identität, der Subjektivität und des Selbst eingegangen; diese Bezeichnungen werden von Winnicott und Mead gebraucht, um den Zustand der Integration beziehungsweise Integriertheit zu beschreiben. Integration bedeutet in diesem Kontext die Möglichkeit aber auch Notwendigkeit zur Vermittlung. Hier soll auf der Basis der genannten Theorien dargestellt werden, über welche Stufen beziehungsweise Phase der „Prozess der Integration" erfolgt; wie kann Integration erreicht und beschrieben werden? Welchen Beitrag muss oder kann das Individuum, welchen die Umwelt leisten, um diesen Prozess sozusagen „in Gang" zu setzten? Solche und ähnliche Fragen stehen bei dieser Analyse im Vordergrund, da die Bedeutung von Vermittlung vor allem durch „Fehler" bei dieser individuellen, gesellschaftlichen und pädagogischen Aufgabe sichtbar werden können.

Welche Auswirkungen es haben kann, dem Kind beispielsweise zu wenig oder gar keinen Freiraum für die emotionale Entwicklung einzuräumen, zeigt sich oftmals in der Herausbildung von psychischen Störungen und Problemen. Diese Schwierigkeiten führt Winnicott zum großen Teil auf eine Fehlentwicklung in der frühkindlichen Phase zurück; ist in dieser sehr bedeutsamen Phase eine Entfaltung in dem Sinne nicht möglich, dass das Kind zum Beispiel seine Kreativität im Spiel aufgrund bestimmter äußerer Einflüsse nicht entdecken kann, kann das Folgen für die spätere Entwicklung haben.

Auch wenn die Theorie Winnicotts diesbezüglich auf den ersten Blick möglicherweise etwas radikal erscheinen kann, besteht über die Bedeutung der Phase der frühkindlichen Entwicklung in Psychologie, Soziologie und Pädagogik weitgehend wissenschaftlicher Konsens.

Unter Bezugnahme auf den psychoanalytischen Ansatz von Winnicott und den sozialpsychologischen Ansatz Meads möchte ich des Weiteren erörtern, ob und wie das „Problem" der Vermittlung „gelöst" werden kann. Im Falle keiner Lösung (eine Auflösung kann es nicht geben, solange von Individuen ausgegangen wird) sollen zumindest Möglichkeiten aufgezeigt werden, auf welche Weise man sich diesem Problem annehmen kann, damit es weniger als „Problem", sondern vielmehr als Aufgabe und Herausforderung verstanden werden kann.

Insgesamt möchte ich herausstellen, wie es im Normalfall einer „gesunden" Entwicklung eines Menschen zu der Konstitution eines „Selbst" kommt und damit zu der Möglichkeit von Vermittlung. Hierbei ist die Frage zentral, welche Bedingungen gegeben sein müssen, damit sich ein Individuum in diesem Sinne „normal" oder „gesund" entwickeln kann. Darüber hinaus muss an dieser Stelle der Frage nachgegangen werden, ab wann überhaupt von einem „Ich" oder einem „Selbst" die Rede sein kann.

1.4 Anmerkungen zum Aufbau dieser Arbeit

Die vorliegende Arbeit stellt die Vermittlungsproblematik anhand eines Vergleichs zweier theoretischer Ansätze dar, um exemplarisch aufzuzeigen, auf welche Art und Weise das Verhältnis von Individuum und Gesellschaft betrachtet und interpretiert werden kann. Die dargestellten Perspektiven auf dieses Thema geben Aufschluss darüber, wie Vermittlung auf einer wissenschaftlichen Ebene verstanden werden kann, und welche Faktoren eine „gelingende" Vermittlung beeinflussen. In beiden Theorien ist Vermittlung auf gesellschaftlicher, aber auch auf individueller Ebene angesprochen.

Der Vergleich von Donald Woods Winnicott und George Herbert Mead intendiert unter Einbeziehung soziologischer, psychologischer und pädagogischer Aspekte herausstellen, wie Vermittlung als individuelles und gesellschaftliches „Problem" zu beurteilen ist. Beide Wissenschafter liefern hierfür unterschiedliche Ansätze, welche in dieser Arbeit dargestellt und analysiert werden sollen.

Da die Theorien von Winnicott und Mead relativ komplex aufgebaut sind, werde ich mich bei meinem Vergleich auf ausgewählte Aspekte beschränken, die ich vor dem Hintergrund des Vermittlungsthemas als sinnvoll und aussagekräftig erachte.

Zur Vereinfachung beginne ich mit der Darstellung einiger Ansätze Winnicotts, um diese anschließend in einen direkten Vergleich zu ähnlichen Aspekten der Theorie Meads zu setzen. Im Zuge dessen soll die gedanklich argumentative Entwicklungslinie beider Wissenschaftler nachvollzogen werden; auf diese Weise möchte ich zeigen, ob und in welchen Sinnzusammenhang die Vermittlung von Individuum und Gesellschaft in den beiden Theorien einzuordnen ist.

Da ich mich bei der Literaturauswahl überwiegend auf Originalschriften von Winnicott und Mead beziehe, weiche ich zur Vereinfachung von der gängigen Zitierweise ab, indem ich bei Primärliteratur auf die Angabe des Autors und die Jahresangabe verzichte. Da sich der erste Teil meiner Arbeit ausschließlich auf D.W. Winnicott bezieht, sowie der zweite Teil auf G.H. Mead, beschränke ich mich in diesen Kapiteln jeweils auf Nennung des Werkes mit Seitenangabe (zum Beispiel Familie und individuelle Entwicklung, 8).

In den darauf folgenden Abschnitten des theoretischen Vergleichs sowie im Schlussteil und Resümee verweise ich hingegen auf die jeweiligen Kapitel meiner

Arbeit, die das Angesprochene ausführlich darstellen. Auf diese Weise vermeide ich Doppelnennungen und meines Erachtens nach unnötig lange Belegstellen.

Die von mir verwendete Sekundärliteratur wird wie allgemein üblich zitiert (zum Beispiel Schäfer 1995: 65).

Im Literaturverzeichnis werden alle Titel genau und vollständig aufgeführt, wobei ich die Originaltitel von Winnicott und Mead getrennt nenne und darüber hinaus eine Unterteilung von Primär- und Sekundärliteratur vornehme.

2. Donald W. Winnicott und die psychoanalytische Pädagogik

2.1 Leben und Werk

Donald Woods Winnicott wurde 1896 als Jüngstes von drei Kindern in Plymouth als Sohn einer britischen Kaufmannsfamilie geboren. Das Verhältnis zwischen den Familienmitgliedern war nach eigenen Angaben Donalds von Toleranz, Offenheit und Erziehung zu Selbstständigkeit geprägt (vgl. Sesink 2002: 19).

Nach Beginn seines Medizinstudiums wurde Winnicott zeitweise als Krankenpfleger eingesetzt und sammelte während des Ersten Weltkrieges dort grundlegende praktische medizinische Erfahrungen, und meldete sich später freiwillig zur Marine, wo er Sanitätsoffizier wurde (vgl. Schäfer 1995: 68).

Nach der Beendigung seines Medizinstudiums arbeitete er als Kinderarzt im Green Childrens Hospital in Paddington und machte sich gleichzeitig mir einer eigenen Praxis selbstständig. Während seines Medizinstudiums und seiner psychoanalytischen Ausbildung kam er erstmals in Kontakt mit Freuds Psychoanalyse. Inspiriert von Freuds Traumdeutung beschäftigte sich Winnicott von da an viele Jahre mit den theoretischen Ansätzen Freuds. 1920 schloss er seine medizinische Ausbildung ab und begann kurz darauf im Alter von 27 Jahren seine zehnjährige psychoanalytische Ausbildung. Des Weiteren wurde er Mitglied der Britischen Psychoanalytischen Gesellschaft (vgl. Sesink 2002: 19).

Winnicott war stets darum bemüht, seine theoretischen Einsichten in seine praktische Arbeit als Arzt und Psychologe einfließen zu lassen und umgekehrt (vgl. Schäfer 1995: 68 f.). Seine Erkenntnisse wollte er an andere weitergeben, vor allem an diejenigen, welche privat oder beruflich in direktem Kontakt zu Kindern stehen. Sein Werk beschränkt sich fast ausschließlich auf Vorträge und Aufsätze, im Zuge dessen er den unmittelbaren Kontakt zu seinen Hörern und Lesern suchte. Sein breites Publikum reichte von Kinderschwestern, Hebammen, Kindergärtnerinnen über Ärzte, Schüler und natürlich Mütter. Da sich Winnicott primär als praktizierender Arzt, und weniger als Theoretiker verstand, sind seine Schriften nicht als rein theoretisch-systematisches Werk zu verstehen (vgl. Sesink 2002: 21). Man könnte Winnicotts Hinterlassenschaft als eine Art Anhäufung von Reflexionen betrachten; persönliche Gedanken, praktische Beobachtungen und theoretische Einsichten, welche durch die Verbindung analytischer Überlegungen und praktischer Erfahrung entstanden sind. Auch Winnicott selbst distanziert sich von der Annahme eines systematischen Aufbaus seiner Schriften, indem er in Bezug auf seine Vorgehensweise sagt: „Ich nehme dies hier und jenes dort auf, widme mich der klinischen Erfahrung, bilde meine eigenen Theorien und dann, zuallerletzt, schaue ich interessiert nach, um herauszubekommen, wo ich was gestohlen habe." (vgl. Sesink 2002: 21).

2.2 Die Theorie der emotionalen Entwicklung

Donald W. Winnicott geht bei seiner psychoanalytischen Theorie davon aus, dass die *emotionale Entwicklung* am Anfang jeden Lebens beginnt. Im Gegensatz zur klassischen Psychologie sind demnach schon die Ereignisse der ersten Tage und Stunden eines Lebens wichtig für eine fundierte Untersuchung der Persönlichkeitsentwicklung. Besonders das erste Lebensjahr wird hierbei als Grundlage für die spätere psychische Gesundheit eines Menschen gesehen (vgl. Familie und individuelle Entwicklung, 9f.).

Darüber hinaus ist bei diesem Ansatz die Mutter-Kind-Beziehung von zentraler Bedeutung; sie wird von Winnicott häufig als Erklärungsansatz für verschiedene Phänomene in der frühkindlichen Entwicklung herangezogen. Aufgrund der Abhängigkeit des Säuglings kann diese Entwicklung nur im Kontext der Mutter-Kind-Bindung erörtert werden.

Motivation war für Winnicott nicht nur der Wunsch und das persönliche und medizinische Anliegen einer Ursachenfindung für psychische Störungen und Fehlentwicklungen, sondern auch und vor allem die frühe Behandlung und Prävention emotionaler Störungen.

Ausgangspunkt für seine Untersuchungen und Betrachtungen ist nicht wie anzunehmen das psychisch erkrankte, sondern das gesunde Kind. Vom Idealfall dessen emotionaler Entwicklung schließt er auf die Defizite der nicht „normal" entwickelten Kinder. Bei all seinen Überlegungen nimmt er das Kind als Ausgangspunkt, das „körperlich gesund und psychisch potenziell gesund" ist (Familie und individuelle Entwicklung, 10). Damit zeigt sich bereits sehr deutlich, dass psychische Krankheiten für ihn auf der Ebene der Sozialisation und Integration zu verorten sind, das Kind an sich potenziell gesund ist und über die Möglichkeiten einer in dem Sinne „normal" verlaufenden emotionalen Entwicklung verfügt.

Im Fokus seines Interesses steht in erster Linie die Frage nach der Bedeutung dieses Potenzials und danach, was bei der Geburt an Potenzial vorhanden ist und inwieweit sich dieses auf die Entwicklung eines Individuums auswirkt oder auswirken kann (vgl. Familie und individuelle Entwicklung, 10).

Winnicott hat mit seinem Werk einen erheblichen Beitrag zur psychoanalytischen Pädagogik geleistet, indem auf der Basis seiner praktischen Erfahrungen als Kinderarzt und Psychologe nicht zuletzt durch seine „Phänomenologie früher Mutter-Kind-Interaktionen" einen theoretischen Zugang für eine Pädagogik der frühen Kindheit lieferte (vgl. Schäfer 1995: 69).

Winnicotts Theorien widerlegen die Vorstellung vom passiven Säugling, der sich nur aufgrund seiner Umgebung entwickeln kann, und demzufolge ein Produkt seiner Umwelt darstellt. Im Rahmen der psychoanalytischen Theorie der emotionalen Entwicklung wird der Säugling nicht nur als aktives, sondern als vielmehr *eigenaktives* Wesen betrachtet, welches einen innerpsychischen Impuls zur Entwicklung besitzt, sich also aus sich selbst heraus entwickeln kann, wenn gewisse Umstände und Voraussetzungen gegeben sind. Diese Annahmen Winnicotts werden größtenteils von einer kognitiv orientierten Säuglingsforschung und wahrnehmungsorientierten Psychologie unterstützt (vgl. Schäfer 1995: 70).

Unter anderem die intensive Beschäftigung mit Freuds Psychoanalyse führt Winnicott dazu, den inneren spontanen Impuls des Kindes als *Triebimpuls* zu betrachten; danach sind die Motivationen des Kindes auf die Befriedigung des Lustprinzips ausgerichtet.

Mit der *Motilität* führt Winnicott einen neuen theoretischen Begriff ein, der über die bisherigen Standpunkte der klassischen Psychoanalyse hinausgeht. Die Motilität bildet den Ausgangspunkt für Winnicotts Konzept der Entwicklung von Aggressivität und bedeutet „lebendige Bewegung", welche den Gegensatz zur reinen Triebbefriedigung bildet (vgl. Schäfer 1995: 71).

3. Der Beginn der Vermittlung

3.1 Ich und Selbst

Das *Konzept des Selbst* bildet den wichtigsten Ausgangspunkt für die Theorie der emotionalen Entwicklung von D.W. Winnicott. Die terminologische Verwendung von Ich und Selbst sind bei Winnicott etwas irreführend, da die Begriffe eine semantische Trennung und zugleich Verbundenheit implizieren, die wir im umgangssprachlichen Gebrauch meist nicht differenzieren.

Während man im Alltag das „Ich" und „Selbst" oft synonym zur Bezeichnung für eine bereits entwickelte Persönlichkeit gebraucht, verortet Winnicott im „Ich" den Ausgangspunkt jeglicher Entwicklung. Er versteht jedoch das frühe Ich eines Säuglings nicht als eine Art „leere Hülle", die durch Entwicklungsprozesse einfach gefüllt werden muss, sondern das Selbst muss als Ziel eines sich entwickelnden Ichs mitgedacht werden.

Im Gegensatz zu anderen psychoanalytischen Theorien versteht Winnicott nicht die Triebe als Ausgangspunkt der menschlichen Entwicklung, sondern eine naturgegebene Potenzialität, welche den Menschen als „Ich" charakterisiert.

Das „ererbte Potenzial" enthält demnach bereits die vollen Möglichkeiten zu einer individuellen Persönlichkeitsentwicklung und damit zusammenhängend auch eine angeborene „Tendenz zur Integration". Winnicott selbst nennt diese Potenzialität auch das „primäre zentrale Selbst", welches eine „Kontinuität des Seins erlebt und auf seine eigene Weise und in seiner eigenen Geschwindigkeit eine personale psychische Realität und ein personales Körperschema erwirbt" (Davis/ Wallbridge 1995: 52).

Aufgrund des vorhandenen Entwicklungspotenzials kann der Zustand des Säuglings als „Ich" bezeichnet werden. Dieses Ich impliziert eine Bewegungskraft, die dem Menschen sozusagen in die Wiege gelegt worden ist und wodurch ihm eine Entwicklung erst möglich wird. Das Ich als „zentrales Selbst" beschreibt Winnicott infolgedessen als Ursprung der Spontanität, Kreativität und des kindlichen Spiels (vgl. Davis/ Wallbridge 1995: 53).

Von einem Selbst kann nach Winnicott die Rede sein, wenn das Kind beziehungsweise der Mensch Teil seiner Umgebung geworden ist, also wenn er sich über die Tatsache bewusst ist, in und mit einer Umwelt zu leben.

Auch wenn Winnicott das Ich an den Anfang eines Lebens setzt, ist eine Abgrenzung von „Ich" und *Ich bin"* nachzuvollziehen (vgl. Der Anfang ist unsere Heimat, 31f.); Winnicott betrachtet das Ich als die vorhandene Tendenz und Potenzialität zur emotionalen Entwicklung, unabhängig von den Bedingungen und Möglichkeiten dessen Realisierung. Mit der Begrifflichkeit „Ich bin" ist hingegen schon der Beginn des Prozesses gemeint, den Winnicott als Integration bezeichnet. Um von der Verfasstheit eines „Ich bin" sprechen zu können, muss eine Einheit zwischen Kind und Umwelt erkennbar sein, und das Kind muss sich auch selbst als eine solche Einheit wahrnehmen. Die Selbstwahrnehmung des Kindes als Teil seiner Umgebung geschieht nach Winnicott lange bevor das Kind dies äußern kann; „es kommt die Zeit, da das Kind, wenn es sprechen könnte, sagen würde: ICH BIN" (Babys und ihre Mütter: 66).

Diese Entwicklungsstufe ist durch ein kindliches Erleben als „Ich bin", und nicht etwa durch das Vermögen „Ich bin" sagen zu können gekennzeichnet, da das Kind die Bedeutung verstehen kann, bevor es die Worte aussprechen kann.

Am Ende des Prozesses, welcher sowohl die psychische als auch die körperliche Entwicklung meint, steht das „Selbst". Der beschriebene Zustand des „Ich bin" ist Voraussetzung für die Herausbildung des Selbst, da das Kind durch das Erleben als „Ich bin" sein Ich mit der Umwelt in Beziehung bringt. Erst durch diese Verknüpfung kann eine Integration im Sinne Winnicotts Theorie der emotionalen Entwicklung erfolgen. Das Selbst tritt jedoch nicht nur mit der es umgebenden Umwelt in Kontakt, sondern es ist in Form einer Wechselbeziehung integriert; „Das Wort ‚Selbst' wird sinnvoll, wenn das Kind angefangen hat, seinen Intellekt zu benützen, um das anzuschauen, was andere sehen oder fühlen oder hören und was sie begreifen, wenn sie diesem Säuglingskörper begegnen." (Reifungsprozesse, 72f.).

Demzufolge kann man das „Ich" als ererbte Potenzialität bei der Geburt, das „Ich bin" als ersten (zunächst einseitigen) Kontakt mit der Umwelt und das „Selbst" als Prozess der Vermittlung von Ich und Umwelt begreifen. Der Kontakt durch und mit der Umwelt ist notwendig für das Kind, um das vorhandene Potenzial überhaupt zu erfahren beziehungsweise erfahrbar zu machen; durch den Zustand des „Ich bin" kann das im Ich liegende Potenzial zur Realität werden.

Dies geschieht über Objektbeziehungen, welche das Kind eingeht, sobald es die Existenz einer Umwelt außerhalb der Einheit Mutter-Kind wahrnimmt.

Die Wahrnehmung als „Ich bin" schließt auch eine Negativabgrenzung mit ein; eine Auseinandersetzung mit der Umwelt ermöglicht demzufolge auch die notwendige Erfahrung eines „Ich bin nicht...", wodurch die Wahrnehmung als „Ich bin..." unterstützt wird. Das Selbst kann nur in diesen Sinnzusammenhängen existieren, da für ein Wissen über das eigene Sein auch ein Wissen über die Nichtzugehörigkeit dieses Seins erforderlich ist. Die Frage „wer bin ich?" schließt die Frage „wer bin ich nicht?" notwendig mit ein, zumindest stehen die Antworten auf beide Fragen in einem engen Zusammenhang.

An dieser Stelle ist es wichtig darauf hinzuweisen, dass unter dem Selbst nicht ein Zustand verstanden werden kann, der sich auf kurz oder lang einstellt; im Gegensatz zum anfänglichen Ich ist das Selbst nicht einfach da, sondern es muss durch Nutzung des naturgegebenen Potenzials herausgebildet werden. Dieser Prozess der Entwicklung des Selbst wird von verschiedenen Faktoren beeinflusst. Auch wenn Winnicott eine angeborene Tendenz zur Integration unterstellt, ist das „Gelingen" derselbigen der Normalfall eines „gesunden" Kindes; demnach kann nur bei einem psychisch und emotional „gesunden" Menschen von der Existenz eines solchen Selbst ausgegangen werden (vgl. Davis/ Wallbridge 1995: 52).

Die Umwelt spielt hierbei eine tragende Rolle, da sie Integration fördern und zulassen, aber eben auch erschweren oder sogar verhindern kann. Das Selbst kann also als Prozess des „Werdens" beschrieben werden, ein Werden, das gewollt und ermöglicht werden muss.

3.2 Ich-Integration

Das Kind kommt bereits als potenziell integriertes Wesen zur Welt. Zu Beginn des Lebens bildet der Säugling eine Einheit mit der Mutter, eine Verschmolzenheit, die mit dem Eintreten des Realitätsprinzips allmählich partiell aufgelöst wird. Aus der mütterlichen Einheit geht das Kind Stück für Stück in eine andere Einheit über, die der sozialen Umwelt.

Unabhängig vom Eintreten in das gesellschaftliche Umfeld betrachtet Winnicott den Säugling bereits im Alter von einem Jahr als Individuum mit einer integrierten Persönlichkeit. Sind bestimmte Umweltbedingungen gegeben, findet in diesem Zeitraum Integration statt; sie entsteht aus einem „primären unintegrierten Zustand" (vgl. Familie und individuelle Entwicklung, 12 f.).

Auch wenn Integration aus einer Entwicklung heraus erfolgt und von den gegebenen Umweltbedingungen abhängt, betrachtet Winnicott Integration als den Normalzustand eines gesunden Menschen. Das Kind kommt jedoch nicht als bereits integrierte Person zur Welt, sondern mit einer natürlichen aktiven Tendenz zur Integration (vgl. Sesink 2002: 23). Die Umwelt sieht und empfängt das Kind bereits als Einheit, auch wenn das Kind für sich selbst nicht von Anfang an diese Einheit darstellt; „Der Beobachter kann von Anfang an sehen, dass ein Säugling schon ein menschliches Wesen, eine Einheit ist" (Familie und individuelle Entwicklung, 12 f.).

Die Integration eines Menschen ist eine Entwicklungsaufgabe, die sich mit der Geburt stellt. Die Bedingungen für die Erfüllung dieser Aufgabe müssen von der gesellschaftlichen Umwelt gegeben werden. Diese Entwicklungsaufgabe stellt die Vermittlung zwischen Selbst und Umwelt dar; das „ererbte Potenzial" als „Material" (vgl. Sesink 2002: 25) muss in eine gesellschaftliche „Form" gebracht werden. Dieser Prozess der Bezugnahme der Potenziale des Kindes auf die Objekte der Umwelt stellt die vermittelnde Integration dar.

Das Ich des Säuglings bildet den Ausgangspunkt und stellt noch keine integrierte Person dar, sondern die Tendenz zur Integration. Das Ich impliziert jedoch schon die Möglichkeiten eines Selbst, das sich unter der Bedingung einer „hinreichend fördernden Umwelt" entwickeln und entfalten kann. Auf dem Weg zur psychischen Verfassung eines Selbst erreicht das Kind eine Stufe des „Ich bin", einen „Zustand der Einheit, zu dem persönlichen Fürwort ‚ich', zu der Ziffer eins; sie ermöglicht ein ‚ich bin', das dem ‚ich tue' erst einen Sinn gibt." (Der Anfang ist unsere Heimat, 31). Das „ich bin" bedeutet, dass sich das Kind als existierendes Wesen erkennt; zunächst erkennt es seine Existenz nur in Verbindung mit der Mutter. „Ich bin" meint folglich zunächst die reale Existenz der Mutter-Kind-Einheit. Diese

Wahrnehmung ist die Voraussetzung für das sich entwickelnde Selbst. Das Selbst nimmt sich im Kontext des sozialen Umfeldes wahr und als integrierter Teil der ihn umgebenden Welt. Als Selbst reflektiert das Ich seine Stellung und Bedeutung in Bezug auf seine Umwelt und grenzt sein „Ich bin" von den Dingen ab, die es nicht ist. Dem Selbst geht ein Integrationsprozess und Entwicklungsprozess voraus, denn „das Wort ‚Selbst' wird sinnvoll, wenn das Kind angefangen hat, seinen Intellekt zu benützen, um das anzuschauen, was andere sehen oder fühlen oder hören ..." (Reifungsprozesse, 72f.). Das Selbst betrachtet sich im Gegensatz zum Ich als Teil der Gesellschaft; erst im Zustand des Selbst kann daher von Vermittlung gesprochen werden, da Vermittlung auch bedeutet, die Reaktionen und Handlungen der anderen Menschen wahrzunehmen und als Reaktion der eigenen Reaktionen zu begreifen. Dieser Aspekt wird auch von George Herbert Mead aufgegriffen, der die Verinnerlichung der „Haltungen anderer" als Merkmal von Identität versteht. Auf diesen Punkt werde ich im zweiten Teil meiner Arbeit ausführlich eingehen.

Nur durch Vermittlung, das heißt durch Bezugnahme auf die umgebende Welt, kann das „Material" der Integration, also das ererbte Potenzial wirksam werden. Erst im sozialen Kontext kann das Selbst in diesem Sinne zur realen Erfahrung werden. Integration stellt eine Art Verbindungsglied zwischen den Erbanlagen und den Objekten der äußeren Welt dar; Voraussetzung für diese Verbindung ist die Wahrnehmung des Ichs als Teil dieser Welt.

3.3 Omnipotenzerfahrung und Realitätsprinzip

Die Beziehung zwischen Mutter und Kind ist zunächst als eine absolute zu beschreiben. Die naturgegebene Einheit Mutter-Kind kann nur als Ganzes betrachtet werden, wodurch es den Säugling an sich „nicht gibt" (vgl. Davis/Wallbridge 1995: 57). Auch das Kind selbst vermag sich nur in und durch diese emotionale und körperliche Verbundenheit mit der Mutter wahrzunehmen, Winnicott spricht hier von der Phase der „Verschmolzenheit" (vgl. Reifungsprozesse, 125f.). In dieser Phase, welche sich für Winnicott schon als Teil der Integration darstellt, kann das Kind noch nicht zwischen sich selbst und der umgebenden Umwelt differenzieren.

Was ihm widerfährt, erlebt der Säugling als Wirkung seiner „Macht" und als Reaktion auf seine Bedürfnisse.

Aus der Perspektive des Säuglings existiert zunächst nur er selbst, wobei die Mutter als Teil seiner Selbst empfunden wird; Winnicott spricht hier von „primärer Identifikation" (Babys und ihre Mütter, 24).

Das Kind erlebt eine absolute Macht, die Macht der Einheit Kind-Mutter. Es sieht sich selbst als „Schöpfer" dieser Einheit, die für ihn die ganze Welt darstellt. Die mütterliche Versorgung ist für den Säugling Ausdruck seiner Omnipotenz, alle Objekte seine Schöpfung. Voraussetzung für dieses Allmachtserleben ist die Fürsorge der Mutter; sie ermöglicht, dass der Säugling als „Schöpfer" tätig wird, da sie es ist, die seinen Bedürfnissen nachkommt, wodurch das Kind die vermeintliche „Projektion" seiner Omnipotenz erlebt. Diese Projektion, welche eigentlich eine Illusion darstellt, ist für die gesunde Entwicklung des Säuglings von großer Bedeutung (vgl. Reifungsprozesse, 49).

Was der Säugling als notwendige Projektion seiner Macht erfährt, ist in Wirklichkeit eine Illusion, die durch eine fürsorgliche Umwelt aufrechterhalten wird. „Jedes Kind muß die Welt neu erschaffen, aber das ist nur möglich, wenn die Welt Stück für Stück in den Augenblicken der Kreativität des Kindes ‚ankommt'. Der Säugling streckt die Ärmchen aus, und sie Brust ist da, die Brust ist geschaffen." (Familie und individuelle Entwicklung, 22).

Das Kind „erschafft" Objekte, die zuvor bereits in einer „äußeren" Welt existierten, eine Welt, die das Kind nicht kennt; „Das Kleinkind erschafft das Objekt, aber das Objekt war bereits vorher da, um geschaffen zu werden" (vom Spiel zur Kreativität, 104).

Genauso wichtig, wie das durch die Mutter aufrechterhaltene Omnipotenzerlebnis des Säuglings, ist auch das allmähliche „Entsagen" der Mutter und das damit verbundene Eintreten des Realitätsprinzips.

Würde die Illusion der Allmacht des Säuglings auf Dauer aufrechterhalten werden, würde die absolute Einheit zwischen Mutter und Kind, die Verschmolzenheit, weiter existieren, und das Kind könnte nie zur Selbstständigkeit gelangen. „Es wäre nicht gut für ein Menschenkind, sich immer weiter als allmächtig zu erfahren, wenn doch der Apparat inzwischen vorhanden ist, der mit Frustrationen und einem relativen Versagen der Umwelt fertig werden kann." (Babys und ihre Mütter, 20).

Nicht nur die Verschmolzenheit, sondern auch eine relative Trennung der Mutter-Kind-Einheit gehört zum natürlichen Entwicklungsprozess. Das Kind muss in einem allmählichen Prozess die Erfahrung machen, dass sich die Mutter nicht mehr ausschließlich seinen Bedürfnissen anpasst. Das „Versagen" der Mutter führt dazu, dass der Säugling schmerzlich anerkennen muss, dass es eine Realität außerhalb seines Wirkens gibt, und er demnach die Objekte nicht „erschafft". Die Projektion seiner Omnipotenz wird damit als Illusion enttarnt, eine Erfahrung, die für das Kind sehr schmerzvoll und frustrierend ist. „... das Baby muss fähig sein, diese Täuschung auf Dauer nicht gelten zu lassen; an ihre Stelle muss das unbequeme ICH BIN treten, was den Verlust der ursprünglichen Verschmelzungs-Einheit bedeutet." (Der Anfang ist unsere Heimat, 70).

Die Erkenntnis, dass eine Welt unabhängig von der inneren Welt des Säuglings existiert, führt zu einem Verlust der omnipotenten Einheit von Mutter und Kind. Das Kind wird damit konfrontiert, dass es nicht in einer von ihm erschaffenen Welt, sondern dass es selbst als Schöpfung in einer bereits vorhandenen Welt mit von ihm unabhängigen Subjekten und Objekten lebt.

Dieser Frustration muss das Kind ausgesetzt werden, um das Realitätsprinzip anzuerkennen; wichtig ist jedoch, dass das „Entsagen" der Mutter ein relatives ist und die Fürsorglichkeit eine hinreichende (vgl. Babys und ihre Mütter, 20). Physisch und psychisch steht der Säugling weiter in einem Abhängigkeitsverhältnis zur weiterhin bestehenden Einheit Mutter-Kind, das Realitätsprinzip zeigt zunächst nur an, dass diese Einheit keine absolute ist und es eine anzuerkennende Realität außerhalb dieser Einheit gibt.

Das Kind vermag nur realitätstüchtig zu werden, wenn es dieses Prinzip anerkennt. Diese Erkenntnis, so vermutet Winnicott, stellt für den Säugling eine Art Schock dar, eine „gewaltige Erschütterung" (Vom Spiel zur Kreativität, 84). Für das Kind wird damit sein Status als allmächtiger Herrscher in Frage gestellt und die Omnipotenz seiner „Schöpfung" der Einheit Mutter-Kind. Als mögliche Reaktion kann das Kind diese Tatsache anerkennen und sich ihr unterwerfen, oder es hält an der Omnipotenzfantasie weiterhin fest und verschließt sich damit der Tatsache des Realitätsprinzips.

Korrelierend mit der Erfahrung des Omnipotenzverlustes findet noch ein weiterer schmerzlicher Prozess statt: die Trennung der „Mutter als Nicht-Ich vom Ich des Kindes" (Sesink 2002: 45). Im Idealfall kann diese Trennung erfolgen, ohne dass das Kind sein Vertrauen in die Mutter und den Glauben in seine schöpferische Gestaltungskraft verliert. Winnicott betont in diesem Kontext die Notwendigkeit einer „hinreichend fürsorglichen Mutter" (Babys und ihre Mütter, 20).

Durch den Anfang einer identifikatorischen Trennung von „Ich" (Säugling) und „Nicht-Ich" (Mutter als Repräsentant für die Umwelt) wird die Integration des Kindes möglich, und der Prozess, den Winnicott als „Entwicklung des Selbst" bezeichnet. Auch wenn das Kind in diesem Stadium noch keine Vorstellung davon hat, was es „selbst" ist, beginnt es durch eine allmählich entsagende Umwelt zu begreifen, was es nicht ist, nämlich der Schöpfer der Welt. Damit beginnt der Säugling gleichsam, die zuvor „subjektiven Objekte" objektiv wahrzunehmen und sich von dieser Objektivität Stück für Stück abzugrenzen.

Damit ist die Anerkennung des Realitätsprinzips und der damit verbundene Verlust der Omnipotenzvorstellung des Kindes ein notwendiger Prozess auf dem Weg der späteren Selbstständigkeit, aber auch notwendige Bedingung für die Herausbildung der Identität, die Winnicott als „Selbst" bezeichnet. Dieses Selbst kann nur durch Vermittlung mit der Umwelt identifiziert werden; es ist deshalb wichtig, dass das Kind diese Umwelt schon in einer frühen Lebensphase als abgrenzbare und doch mit ihm verbundene Umwelt wahrnimmt, die es zwar nicht erschafft, aber dennoch mitgestalten und auf kreative Weise entdecken kann. Kreativität, welche Winnicott als primäre Form im Spiel verortet, ermöglicht dem Kind das „Neuerschaffen" von Gegenständen in dem Sinne, dass eine subjektive Aneignung der bereits existierenden Objekte in der Welt möglich ist. Auf diese Weise kann mit dem Verlust der Allmacht kreativ und konstruktiv umgegangen werden. Die Mutter kann dem Kind ermöglichen, die Objekte und auch sie selbst zu „finden" und auf diese Weise Objektbeziehungen aufzunehmen.

Wenn der Übergang von der Omnipotenzerfahrung zur Anerkennung des Realitätsprinzips gelingt, kann das Kind die Existenz einer objektiven Realität akzeptieren, ohne das Vertrauen in die eigene schöpferische Kraft zu verlieren (vgl. Sesink 2002: 46.)

3.4 Von der absoluten zur relativen Abhängigkeit

Im Zusammenhang mit dem Übergang vom frühkindlichen Omnipotenzerlebnis zur Akzeptanz des Realitätsprinzips wird aus der anfänglichen Abhängigkeit eine Selbstständigkeit erreicht. Die Abhängigkeit des Säuglings von der Mutter ist zunächst eine absolute, das heißt eine Abhängigkeit in zweifacher Hinsicht; diese Abhängigkeit ist sowohl physischer (das Kind kann sich nicht selbst versorgen), also auch psychischer beziehungsweise emotionaler Natur (das Kind sieht sich als Einheit mit der Mutter). Da sich das Kind in dieser frühen Lebensphase dieser Abhängigkeit nicht bewusst ist, spricht Winnicott hier von einer „absoluten Abhängigkeit" (vgl. Familie und individuelle Entwicklung, 11).

Erst mit dem allmählichen Begreifen dieser Tatsache findet eine Entwicklung in Richtung Selbstständigkeit statt. „Allmählich bekommt das Kind eine Ahnung von seiner Abhängigkeit; es erwirbt infolgedessen die Fähigkeit, die Umwelt wissen zu lassen, wann es Aufmerksamkeit braucht" (Familie und individuelle Entwicklung, 11f.).

Die doppelte (absolute) Abhängigkeit wird demzufolge zu einer einfachen Abhängigkeit umgewandelt, und diese zu einer relativen Selbstständigkeit. Winnicott betont an dieser Stelle den Begriff der Relativität, weil die Selbstständigkeit oder Unabhängigkeit eines Kindes niemals als eine absolute Eigenständigkeit betrachtet werden kann, wobei ein gewisser Grad an vorhandener Selbstständigkeit immer wieder verloren gehen oder wiedergewonnen werden kann (vgl. Familie und individuelle Entwicklung, 12). Diese Selbstständigkeit kann als „relative Abhängigkeit" beschrieben werden, welche aus dem Zustand einer absoluten Abhängigkeit entsteht. Auch in späteren Lebensphasen kann ein Mensch nie als absolut unabhängig beschrieben werden, da man trotz zunehmender Selbstständigkeit nie isoliert ist (vgl. Davis/ Wallbridge 1995: 58).

Wie das Kind selbst den sich vollziehenden Wandel der absoluten zur relativen Abhängigkeit wahrnimmt und erlebt, hängt maßgeblich von der Versorgung der Umwelt ab; ist die Umwelt, zunächst repräsentiert durch die Mutter, eine hinreichend fürsorgliche, wird das Kind ein Vertrauen in diese Umwelt entwickeln. Dieses Vertrauen entsteht dadurch, dass sich die Umgebung in der Phase der absoluten Abhängigkeit auf das Kind einstellt und seinen Bedürfnissen gerecht wird.

Diese Erfahrung hilft, das anschließende „Entsagen" besser zu ertragen, da das Vertrauen in eine vorhandene Fürsorglichkeit aufgebaut wurde. Während der Säugling in der Phase der absoluten Abhängigkeit nichts von der Fürsorglichkeit der Mutter ahnt, weil er sich als Schöpfer der Mutter-Kind-Einheit erlebt, kann er im Laufe der Entwicklung eine begrenzte Zeit ohne die mütterliche Fürsorge auskommen, weil er Erinnerungen an diese Fürsorge verinnerlicht hat und dadurch Vertrauen aufbauen konnte (vgl. Davis/ Wallbridge 1995: 58). Der Aufbau dieses Vertrauens ist für die gesunde Entwicklung eines Kindes von größter Bedeutung, da ein „Versagen" der Umwelt in diese Phase großen psychischen Schaden anrichten kann. Wenn die Abhängigkeit des Kindes nicht als Tatsache anerkannt und ihr durch die Umwelt entsprochen wird, bekommt das Kind das Gefühl der „Unvorhersagbarkeit", das heißt es vertraut nicht der mütterlichen Fürsorge und kann dementsprechend auch nicht in die Phase der relativen Abhängigkeit eintreten (vgl. Babys und ihre Mütter, 92f.).

In der Lebenspraxis ist die hinreichende mütterliche Fürsorge der Normalfall, da die Mutter über eine natürliche Fähigkeit verfügt, sich voll und ganz auf ihr Kind einzustellen und zu wissen, welche Bedürfnisse es hat.

Mit der Entwicklung von einer absoluten zu einer relativen Abhängigkeit hängt zusammen, dass das Kind allmählich „Ich" und „Nicht-Ich" zu differenzieren vermag. Dieser Prozess ist wiederum von der hinreichend fürsorglichen Mutter abhängig; erst wenn das Kind die Tatsache hinnimmt, dass eine Realität außerhalb der Mutter-Kind-Domäne existiert, kann die Unterscheidung von „Ich" und „Nicht-Ich" beginnen. Mit der notwendigen Anerkennung des Realitätsprinzips begreift das Kind seine individuelle Existenz. „... lassen das Kind an den Punkt gelangen, an dem es weggrückt von dem, was Nicht-Ich ist, und begründet, was ICH ist. Es kommt die Zeit, da das Kind, wenn es sprechen könnte, sagen würde: ICH BIN." (Babys und ihre Mütter, 66). Für diese Entwicklung muss die Mutter hinreichend fürsorglich sein, das heißt einerseits präsent sein, aber andererseits auch ein Stück weit entsagend sein. Nur durch ein partielles Entsagen kann das Kind mit der Tatsache konfrontiert werden, dass es ein Teil einer umfassenden Umwelt darstellt, eine Welt, die es nicht selbst erschafft, sondern welche bereits existiert.

3.5 Übergangsphänomene und –objekte

Übergangsobjekte sind für Winnicott eine Art Hilfsmittel für den Übergang von absoluter Abhängigkeit zur relativen Unabhängigkeit. Diese Objekte stellen die ersten Gegenstände dar, die das Kind „findet"; wenn der Säugling begriffen hat, dass eine Realität außerhalb der Mutter-Kind-Beziehung existiert, kann er auch verstehen, dass die Umwelt nicht von ihm erschaffen, sondern von ihm gefunden wird. Neben der Mutter stellt das Finden eines Übergangsobjektes den ersten Kontakt zur Welt dar (vgl. Kind, Familie und Umwelt, 159).

Darüber hinaus handelt es sich bei einem solchen Gegenstand um den ersten „Besitz" des Kindes, der für die emotionale Entwicklung eine tragende Rolle spielt. Die Objekte, die vom Kind „gefunden" werden, können höchst unterschiedlich sein; es kann sich um einen Zipfel der Decke oder um ein anderes Stück Stoff handeln, das ihm zugänglich ist. Dieser Besitz kennzeichnet das erste Objekt, das unabhängig von dem Kind und der Mutter wahrgenommen wird. „… und dieser Gegenstand kann sehr bedeutsam für das Kind werden. In gewissem Sinne ist er sein erster Besitz, das erste Ding in der Welt, das ihm gehört, und das doch kein Teil von ihm ist … die Wichtigkeit dieses Gegenstandes zeigt den Beginn einer Beziehung zur Welt an" (Kind, Familie und Umwelt, 159).

Das „Entdecken" eines solchen Übergangsobjektes symbolisiert das „Finden" der Umwelt. Damit zusammenhängend beginnt das Kind auch die Mutter als eigenständige Existenz wahrzunehmen und sich selbst als von ihr getrenntes Wesen zu begreifen. Der Gegenstand repräsentiert in diesem Kontext die Umwelt des Kindes und bedeutet den „Übergang des Kindes aus einem Zustand, wo es sich noch nicht getrennt von der Mutter weiß, zu einem Zustand, in dem es die Mutter als etwas außerhalb von sich selbst und von sich getrenntes erkennt" (Kind, Familie und Umwelt, 160).

Mit den Übergangsobjekten beginnen die Objektbeziehungen, die dem Ich des Säuglings ein Handeln ermöglichen (vgl. Davis/ Wallbridge 1995: 70f.).

Die Mutter kann als Repräsentantin der Umwelt die ersten Objektbeziehungen erleichtern, indem sie das Objekt „darbietet", das heißt, indem sie dem Säugling die Welt Stück für Stück erscheinen lässt, wodurch das Kind in Kontakt zur Umgebung treten kann (vgl. Davis/ Wallbridge 1995: 74).

4. Vermittlungen des Selbst

4.1 Vermittlung als soziale und individuelle Aufgabe

Das ererbte Potenzial des Kindes kommt im Laufe des Entwicklungsprozesses zu tragen, das heißt, es äußert sich (zumindest teilweise) auch in der konkreten Lebensform. Die Potenzialität des Kindes bleibt jedoch nicht einfach unbeachtet und wird hingenommen, sondern erfährt eine Resonanz von der Umwelt. Das, was bereits als Integration bezeichnet wurde, meint eine sozial gewollte und unterstützte Vermittlung der Potenzialität des heranwachsenden Kindes mit den Objekten und Subjekten der Umwelt.

Auch wenn diese Vermittlung zunächst primär eine soziale, also von außen gewollte ist, kommt der Integrationsimpuls auch vom Individuum selbst. Das Kind muss das „Eigene" mit dem Vorgefundenen irgendwie in Einklang bringen, ohne sich selbst aufzugeben, aber auch ohne soziopathisch zu werden.

Auch wenn sich Winnicott in diesem Zusammenhang ausschließlich mit der frühkindlichen emotionalen Entwicklung beschäftigt, ist das Subjekt sein ganzes Leben lang mit dieser Vermittlungsaufgabe konfrontiert; auch im Erwachsenenalter müssen eigene Bedürfnisse und Vorstellungen mit von außen gesetzten Regeln, Gesetzen und Rahmenbedingungen vereinbart werden, um als Teil dieser Gesellschaft anerkannt zu werden. Eine Vermittlung scheint grundsätzlich immer eine Art „Opfer" darzustellen, da eigene Bedürfnisse zurückgenommen werden müssen und „Anpassen" oft mit einem (teilweisen) Verlust der Identität verbunden wird. Das Verhältnis von Individualität und Sozialität stellt demnach immer ein Problem dar, das sich für jeden Menschen stellt und auf unterschiedliche Weise „gelöst" werden kann. Wir schließen unser ganzes Leben lang Kompromisse, um diese Vermittlung zu bewerkstelligen; so müssen wir uns an Gesetze und Regeln halten, weil uns sonst eine Konsequenz erwartet. Unsere „Freiheit" wird durch die äußeren Rahmenbedingungen bestimmt, beziehungsweise die Grenzen unserer Freiheit sind gesellschaftlich konstituiert. Vermittlung bedeutet in diesem Kontext, innerhalb dieses Raums die eigene Freiheit zu verwirklichen und seine Potenzialität zu entfalten. Auch wenn das sehr problematisch erscheint, gewährleisten gerade die äußeren Grenzen unseres Handelns, dass uns Freiheit im Rahmen der sozialen Strukturen eingeräumt wird.

Integration sichert unser Zusammenleben und unsere Freiheit, aus diesem Grund erscheint der Beginn dieser Integration von so großer Bedeutung, den Winnicott in der ersten Lebensphase des Kindes verortet.

4.2 Das wahre Selbst – Der Kern der Identität

Das „wahre Selbst", auch „zentrales Selbst" genannt, stellt für Winnicott das gegebene Potenzial des Kindes dar; es bildet solche Anlagen, die ein Mensch „von Natur aus" mitbringt (vgl. Reifungsprozesse, 155f.).

Das wahre Selbst als „Kern der Identität" bezeichnet das Sein eines Menschen vor jeglicher sozialen Beeinflussung, also bevor die soziale Integration begonnen hat. Dennoch ist dieses Selbst nicht einfach vorhanden, und wird dann durch Umwelteinflüsse verändert oder unterdrückt zugunsten eines „angepassten Selbst"; das wahre Selbst ist nach Winnicott nicht konkret, sondern unbestimmt. Man kann es nicht einfach „finden" und verwirklichen (vgl. Sesink 2001: 126). Ein Mensch hat latente Potenziale, aus welchen seine Persönlichkeit hervorgeht, dennoch entspricht er nie ganz dieser Potenzialität. Das wahre Selbst ist das bereits verwirklichte Ich, welches sozusagen aus dem Menschen selbst heraus kommt. Dieses Ich ist ein vermitteltes, das heißt durch Bezugnahme auf das soziale Umfeld konnten diese Anlagen entwickelt werden. Was das wahre Selbst darstellt, ist deshalb immer von den gesellschaftlichen Bedingungen abhängig. Man kann dementsprechend niemals wissen, was in einem Menschen noch „steckt", da die Vermittlung mit dem gesellschaftlichen Kontext ausschlaggebend dafür ist, wie ein Mensch *wird*. Könnten alle Potenziale entfaltet werden, könnte man von einer Entwicklung gemäß des subjektiven Eigensinns sprechen. Das wahre Selbst kann hingegen nur in Beziehung zur sozialen, gesellschaftlichen Seite eines Individuum beschrieben werden; hierbei stellt sich das Problem, dass es nicht möglich ist, zwischen Anteilen der Persönlichkeit zu differenzieren, die aufgrund von Erziehung, Integration und Sozialisation entwickelt wurden und solchen, die aus dem Menschen selbst heraus kommen. Eine Grenzziehung ist hier nicht möglich, da beide Faktoren voneinander abhängen und sich bedingen. Es wird uns demzufolge immer ein Stück weit ein Rätsel bleiben, wer wir im tiefen Inneren sind oder genauer: Wer oder was wir (auch) sein *können*.

Das Selbst eines Menschen kann demzufolge als eine Verbindung zwischen der ursprünglichen Potenzialität und der erfahrenen sozialen Resonanz bezeichnet werden. Die Resonanz generiert die Identität eines Individuums; der angepasste, sozial beeinflusste Teil ist folglich auch immer Teil unseres Selbst.

Auch wenn das wahre Selbst „primär" ist, das heißt zunächst nicht mit äußeren Reizen reagiert, bildet sich der Kern der Identität nach Winnicott erst durch die soziale Vermittlung (vgl. Reifungsprozesse, 194).

Dementsprechend handelt es sich bei dem Potenzial des Kindes nicht um das „wahre Selbst" an sich, sondern um eine Potenzialität zum wahren Selbst.

Die naturgegebenen Anlagen müssen eine soziale Resonanz erfahren, um als Teil des Selbst integriert zu werden, erst dann bildet das wahre Selbst den „Kern der Identität" (vgl. Sesink 2001: 127). Da niemals alle Teile der Potenzialität eine gesellschaftliche Resonanz erfahren können, kann man nicht von einem ganzheitlichen wahren Selbst ausgehen, sondern nur immer von dem Anteil, der als Einheit integriert und zu einem Teil der Persönlichkeit wurde.

Für Winnicott kann nur das wahre Selbst Quelle für Spontanität und Kreativität sein, da in ihm die „Natur" des Kindes mit der äußeren Welt verbunden wird.

„Im frühesten Stadium ist das wahre Selbst die theoretische Position, von der die spontane Geste und die persönliche Idee ausgehen. Die spontane Geste ist das wahre Selbst in Aktion. Nur das wahre Selbst kann kreativ sein, und nur das wahre Selbst kann sich real fühlen" (Reifungsprozesse, 193).

Das wahre Selbst kann als der Teil des ererbten Potenzials identifiziert werden, welcher „real" ist. Real meint, dass sich diese Potenzialität spontan äußert. Nur dieser zutage tretende Anteil kann eine soziale Resonanz erfahren und damit Teil des Selbst werden.

Winnicott betont in seinen Schriften an mehreren Stellen die Bedeutung des „gesehen Werdens" für die frühkindliche Entwicklung; „wenn ich sehe und gesehen werde, so bin ich" (Vom Spiel zur Kreativität, 131). Das Gesehenwerden von der Umwelt ist somit Voraussetzung für die Selbstwahrnehmung, sowie die soziale Reflexion erst eine Selbstreflexion ermöglicht (vgl. Sesink 2002: 95).

4.3 Das „gefügige Selbst" und Vermittlung

Winnicott differenziert bei der Konstitution des Selbst zwischen Anteilen, die aus dem ererbten Potenzial des Kindes stammen und solchen Anteilen, welche aus der Anpassung an die Umwelt resultieren. Die Anteile der „Anpassung" stellen in diesem Kontext die soziale Spiegelung des ererbten Potenzials dar.
Er spricht bei Anteilen, die zur Anpassung beziehungsweise Integration dienen, vom „gefügigen Selbst" (vgl. Reifungsprozesse, 195). Dieses Selbst, welches Winnicott auch als „falsches Selbst"[1] bezeichnet, ist sozusagen die äußere Identität, also das, was wir an einem Menschen kennen oder zu kennen glauben. Man könnte sagen, unser gefügiges Selbst ist das Gesicht, das wir der Welt zeigen. Dieses Gesicht enthält auch immer gewisse Züge des wahren Selbst, jedoch bleiben diese eher im Verborgenen. Das Unberechenbare und Unidentifizierbare ist dem wahren Selbst zuzuordnen, dies äußert sich meist (jedoch nie ganz) auf eine spontane, überraschende Weise. Wenn wir glauben einen Menschen zu kennen und sind plötzlich von seinem Verhalten überrascht, könnte das ein Hinweis auf sein wahres Selbst sein.
Das gefügige Selbst, welches man zur begrifflichen Verdeutlichung auch als „soziales Selbst" bezeichnen kann (vgl. Sesink 2002: 101), dient zur Anpassung an die Umwelt. Da der Mensch auf soziales Zusammenleben angewiesen ist, nimmt er die Erwartungshaltung anderer Menschen meist unbewusst in seine Selbstwahrnehmung mit auf. Das soziale Selbst stellt damit die notwendige Verbindung zwischen der individuellen Potenzialität und der sozialen Umwelt dar.
Im Normalfall einer gesunden Entwicklung besteht auch ein „gesundes" Verhältnis zwischen wahrem und sozialem Selbst; meist können beide Facetten miteinander vereinbart werden, und müssen nicht zwangsläufig im Widerspruch stehen.

---

[1] Da Winnicott den Begriff des „falschen Selbst" dualistisch verwendet, einerseits zur Bezeichnung der angepassten Anteile des Selbst, andererseits aber auch zur Bezeichnung einer symptomatischen Spaltung des Selbst, werde ich vom „falschen Selbst" im Folgenden nur im Falle einer extremen Dominanz der fremdbestimmten Identitätsanteile sprechen. Geht es um die Facetten des Selbst, wodurch eine Vermittlung zwischen wahrem Selbst und Umwelt stattfindet, werde ich den Begriff des „gefügigen" oder „sozialen" Selbst verwenden.

„Beim Gesunden stellt dieses soziale Gebaren einen Kompromiss dar. Beim Gesunden hört der Kompromiss aber zugleich auf, zulässig zu sein, wenn es um entscheidende Fragen geht. Wenn dies geschieht, kann das wahre Selbst sich gegenüber dem gefügigen Selbst durchsetzen ..." (Reifungsprozesse, 195).

Durch das gefügige Selbst hat sich das Individuum den gesellschaftlichen Spielregeln angepasst, zum Beispiel wenn das gefügige Selbst als soziale „Rolle" erscheint, die man „spielt", um nicht ausgeschlossen zu werden (vgl. Sesink 2002: 101).

Grundsätzlich enthält jedes Selbst diese Facetten des gefügigen Selbst, um gesellschaftliche Anerkennung zu bekommen. Zugehörigkeit etabliert sich immer durch Identifikation über Gemeinsamkeiten, welche entweder vom wahren Selbst, oder aber vom gefügigen Selbst ausgehen können. Da wie bereits erwähnt jeder Mensch mehr oder weniger Teile des gefügigen Selbst in sich trägt und in seine Persönlichkeit integriert, ist das nicht als psychologische Gefahr zu beurteilen; trotz der Anpassung durch das gefügige Selbst ist im Normalfall noch Raum für Facetten des wahren Selbst, also Möglichkeiten des kreativen Ausdrucks. Das soziale Selbst ist sogar notwendig, weil es die Instanz darstellt, mit welcher das ererbte Potenzial mit der Umwelt vermittelt wird; das soziale Selbst ist somit die Bedingung zur Verwirklichung des wahren Selbst.

Im Extremfall kann das gefügige, soziale Selbst auch zum „falschen Selbst" werden; dann nimmt diese Falschheit den kompletten Menschen ein und lässt keinen Raum mehr für die Realität des wahren Selbst.

Die „Kunst" liegt bei der subjektiven Vermittlung darin, die soziale Rolle mit eigenen Vorstellungen und Wünschen, sofern sie aus der individuellen Potenzialität entstammen, zu vereinbaren, ohne dass die „Rolle" zu einer „Maske" oder undurchdringlichen „Mauer" wird (vgl. Sesink 2002: 101). Inwiefern diese Vermittlung gelingt, hängt auch wesentlich vom Umfeld des Menschen ab und davon, wie groß die Diskrepanz zwischen sozialen Erwartungshaltungen und den eigenen Ansprüchen ist.

Wahres und soziales Selbst zu vermitteln ist auch ein Thema, das im Kontext von Bildungstheorie eine Rolle spielt; die reflexive Vermittlung von transitiven und intransitiven Momenten der Bildung (vgl. Sesink 2001: 183) entspricht etwa der Polarität von wahrem und sozialem Selbst. Vermittlung äußert sich grundsätzlich als

Reflexivität. Diese Reflexivität nutzt der Mensch, um Antinomien zu bearbeiten bezogen auf die allgemeine Vermittlung zwischen Individuum und Gesellschaft und in Bezug auf konkrete Ausdrucksformen des Vermittlungsproblems, wie beispielsweise in Bildungskontexten.

Für Winnicott ist die Phase der frühkindlichen Entwicklung maßgeblich für die Entwicklung des Selbst und auch für die Herausbildung der Facetten des sozialen oder falschen Selbst.

4.4 Das „falsche Selbst"

4.4.1 Zur Konstitution des falschen Selbst

Das Konzept des „falschen Selbst" wird nicht nur von Winnicott aufgegriffen, sondern gehört seit jeher zu den Grundfragestellungen der beschreibenden Psychiatrie und ist Thema in verschiedenen Religionen und philosophischen Diskursen. Die Differenzierung von wahrem und falschem Selbst ist demnach begrifflich und psychologisch nicht neu (vgl. Reifungsprozesse, 182).

Wandelt oder steigert sich das durch die Entwicklung herausgebildete integrative soziale Selbst in das Extrem des falschen Selbst, wird das wahre Selbst vollkommen verdrängt, wodurch das ererbte Potenzial von der Außenwelt isoliert wird und nicht zur Entfaltung kommen kann.

In diesem Moment der Verdrängung und Unterdrückung verortet Winnicott aufgrund seiner praktischen therapeutischen und psychoanalytischen Erfahrung die Ursache für verschiedene psychische Erkrankungen. Kann das wahre Selbst nicht zum Ausdruck gebracht werden und kann keine Vermittlung mehr stattfinden, weil das soziale Selbst ins Extrem geschlagen ist, ist das nicht nur eine psychische Belastung, sondern es kann die Gefahr einer Spaltung bestehen.

Zunächst ist anzumerken, dass grundsätzlich jeder ein „geteiltes Wesen" besitzt; bei jedem gesunden Menschen besteht demnach eine Diskrepanz zwischen „wahrer" Identität und dem gesellschaftlichen Selbst- und Fremdbild. Auch Winnicott betont immer wieder, dass jedes Individuum über ein wahres und ein falsches (soziales) Selbst verfügt (vgl. Der Anfang ist unsere Heimat, 73). Normal beziehungsweise gesund ist es demzufolge auch, dass man im Privatleben ein etwas anderer Mensch ist als in der Öffentlichkeit, sich bei Freunden anders verhält als bei Arbeitskollegen und so fort. Man könnte sagen, dass jeder Mensch unterschiedliche „Rollen" verinnerlicht hat, und diese je nach Bedarf und Angemessenheit einsetzt. Trotz dieser verschiedenen, an die Außenwelt angepassten Verhaltensweisen geraten die Menschen in der Regel nicht gravierend in Konflikt mit ihrem wahren Selbst, da meist genügend Raum und Möglichkeit besteht oder geschaffen wird, dieses im privaten Bereich „auszuleben". Es gelingt niemandem, immer er „selbst" zu sein; das ist weder möglich noch erstrebenswert, nicht zuletzt, weil dieses Selbst nicht klar zu definieren ist. Ein gesellschaftliches Zusammenleben kann nur unter der Bedingung funktionieren, dass sich jeder Einzelne auch der Allgemeinheit unterordnet. Winnicott spricht davon, dass jeder Mensch ein „höfliches" oder „gezähmtes" Selbst hat, und auch ein persönliches Selbst, welches nur in privaten Situationen zum Ausdruck kommt (vgl. Der Anfang ist unsere Heimat, 74). Diese Aufspaltung des Selbst ist der Regelfall bei einem psychisch gesunden Menschen und ist eine „Leistung, die mit der persönlichen Reifung erbracht werden kann" (Der Anfang ist unsere Heimat, 75).

Im Normalfall stellt sich die Vereinbarung zwischen wahrem und sozialem Selbst relativ unproblematisch dar, obwohl man diese „Leistung" durchaus als Problem der Adoleszenz betrachten kann, welches in der Regel mit dem Heranwachsen des Kindes in Form eines Kompromisses zwar nicht gelöst, aber zumindest angegangen wird.

Bei einigen Menschen geht die beschriebene (natürliche) Aufspaltung des Selbst in eine symptomatische Abspaltung des Selbst über, die eine große Gefahr für die menschliche Psyche darstellt. Bei solchen Menschen kann diese Spaltung als unüberwindbare Hürde empfunden werden, da zwischen dem wahren und dem sozialen Selbst keine Vermittlungsmöglichkeit (mehr) besteht; Winnicott beschreibt diesen Zustand als einen „Riss in der geistig-seelischen Verfassung" (Der Anfang ist unsere Heimat, 75). Wird dann das soziale Selbst als absolut unabhängige und dominierende Instanz wahrgenommen und eingesetzt, entspricht dies dem Krankheitsbild der Schizophrenie. In diesem Falle muss von einem „falschen Selbst" gesprochen werden, da keine Verbindung zum wahren Selbst besteht und eine Vermittlung für die betroffene Person ausgeschlossen ist.

Eine grundlegende Frage, die sich die Psychoanalyse in diesem Kontext stellt, ist die nach der Entstehung und Funktion des falschen Selbst. Im Rahmen seiner Theorie der frühkindlichen emotionalen Entwicklung sieht Winnicott die Gründe für die Entstehung eines falschen Selbst im Säuglingsalter verwurzelt. In der Regel entwickelt der Säugling durch Vermittlung mit der Mutter eine „Ich-Organisation", die an die Umwelt angepasst ist (vgl. Reifungsprozesse, 195). Voraussetzung hierfür ist die (partielle) Entfaltung der Potenziale des wahren Selbst, Bedingung hierfür ist wiederum, dass die Mutter im winnicottschen Sinne „gut genug" ist, das heißt, dass sie sich hinreichend den Bedürfnissen des Säuglings anpasst. Die Herausbildung eines sozialen oder gefügigen Selbst kann demzufolge nur in Anlehnung an das wahre Selbst geschehen (vgl. Reifungsprozesse, 195).

Die Bildung des sozialen Selbst ist wesentlich abhängig von der Mutter und deren Anpassungsfähigkeit; nur dadurch kann auch der Säugling einen Aspekt des „Sich-Fügens" in sein Selbst integrieren. Bedingung hierfür ist die Entfaltung des wahren Selbst und damit korrelierend das Vertrauen des Säuglings in die Welt, repräsentiert durch die mütterliche Fürsorge. Das wahre Selbst hat im Normalfall einer gesunden Entwicklung einen notwendigen Aspekt des „Sich-Fügens"; die daraus resultierende Fähigkeit zu Kompromissen ist eine Errungenschaft der Mutter-Kind-Beziehung (vgl. Reifungsprozesse, 195). Nur aufgrund dieses Urvertrauens in die mütterliche Fürsorge kann das Kind in die Lage versetzt werden, seine Omnipotenz allmählich abzuschaffen und das wahre Selbst bewahrt seine Spontanität (vgl. Reifungsprozesse, 190).

Ist die Mutter in diesem Sinne nicht „gut genug", kann ein falsches Selbst aufgebaut werden, welches eine Extremform des sozialen oder gefügigen Selbst darstellt. Kann die Mutter der „Geste" des Säuglings als Ausdruck seiner Omnipotenz nicht begegnen beziehungsweise entsprechen, wandelt sich die Spontanität des Kindes in ein Sich-Fügen. Anstatt der Geste des Kindes zu entsprechen, setzt die Mutter ihre eigene Geste ein, die „durch das Sich-Fügen des Säuglings sinnvoll gemacht werden soll" (Reifungsprozesse, 190).

Diese Gefügigkeit des Säuglings bezeichnet Winnicott als frühestes Stadium des falschen Selbst, hervorgerufen durch das Unvermögen der Mutter, die Bedürfnisse des Säuglings wahrzunehmen. Hierbei handelt es sich eher um eine Ausnahme, da sich die gesunde Frau in der Schwangerschaft sehr stark mit dem heranwachsenden Kind identifiziert und instinktiv um die Bedürfnisse des Säuglings weiß. Die Mutter kann demzufolge, sofern sie „gut genug" ist, als Ursprung des wahren Selbst, sofern sie „nicht gut genug" ist, als Ursache für das falsche Selbst betrachtet werden. Die spezielle Bedeutung der Mutterbeziehung bezeichnet Winnicott in diesem Kontext als „Hingabe" (vgl. Reifungsprozesse, 192).

4.4.2 Formen des falschen Selbst und die Gefahr der Spaltung

Das falsche Selbst kann im Kontext dieser Betrachtungen unterschiedliche Ausprägungen haben. D.W. Winnicott differenziert zwischen einem gesunden „höflichen Aspekt" des Selbst bis hin zu einem wirklich „abgespaltenen gefügigen falschen Selbst". Der gesunde höfliche Aspekt bezeichnet das soziale Selbst, wodurch sich der Mensch seiner Umwelt anpasst. Handelt es sich hingegen um ein isoliertes, abgespaltenes Selbst wird dieses für den ganzen Menschen gehalten. Die Abwehr durch das falsche Selbst ist dann eine absolute und kann zur Grundlage von Sublimation und „Schauspielerei" werden, wie Winnicott es bezeichnet (vgl. Reifungsprozesse, 196). In solchen Fällen nehmen Menschen soziale Rollen an, welche das falsche Selbst konstituieren. Ohne diese, man könnte sagen Richtlinien, verlieren diese Menschen ihre Orientierung, da ihr falsches Selbst, worauf sie ihr gesamtes Leben aufgebaut haben, in sich zusammenfällt (vgl. Reifungsprozesse, 196).
Hier ist bereits die Gefahr angedeutet, von der ein falsches Selbst ausgehen kann. Kommt es wirklich zu einer Persönlichkeitsspaltung, findet die notwendige Vermittlung zwischen Anteilen des wahren und falschen Selbst nicht mehr statt. Das falsche Selbst ist dann vollkommen isoliert und verbirgt das wahre Selbst. Es kann sogar vorkommen, dass der Betroffene selbst dieses falsche Selbst für sein wahres Ich hält, und sein wahres Selbst nur in spontanen und unkontrollierten Situationen plötzlich zum Vorschein kommt. Tritt dies ein, neigt man zu sagen, dass man sich selbst nicht „wiedererkennt", da das wahre Selbst durch die Abwehr des falschen Selbst so fremd erscheint. Psychologisch betrachtet setzten viele Menschen bewusst oder unbewusst ihr falsches Selbst ein, um zum Beispiel anderen Menschen zu gefallen oder irgendwelchen Maßstäben zu entsprechen,

fühlen sich aber ihr Leben lang „unwirklich" (vgl. Der Anfang ist unsere Heimat, 76).

Die Art und Weise, wie Menschen ihr soziales, gefügiges Selbst einsetzen und ob sich dieses in Form eines falschen Selbst äußert, ist höchst unterschiedlich.

In vielen Erscheinungsformen nimmt das soziale Selbst, sobald es ein falsches Selbst wird, eine Schutzfunktion für das wahre Selbst ein. Während wahres und soziales Selbst koexistieren können und dies auch müssen, nimmt das falsche Selbst einen großen Raum ein, der dem wahren Selbst keinen integrierten Platz gewährt.

In der extremsten Form stellt sich das falsche Selbst für die Umwelt und den Betroffenen selbst als real dar. Beobachter halten das durch das falsche Selbst Geäußerte für die wirkliche Person (vgl. Reifungsprozesse, 185). Schwierig wird es, wenn diese „Fassade" in Situationen der „Schwäche" zu bröckeln beginnt; dann kommt stellenweise das wahre Selbst zum Vorschein. Diese Blöße wird von Betroffenen meist sehr unangenehm empfunden, da die Funktion ihres falschen Selbst, vergleichbar mit einer Art Maske oder Schutzmauer, im Verschleiern des wahren Selbst besteht. Kommt es dennoch zum Vorschein, kann sich ein Gefühl des Versagens und vermutlich der Nacktheit einstellen.

Eine weniger extreme Form der Konstitution des falschen Selbst liegt dann vor, wenn das falsche Selbst nicht verschleiern oder verstecken, sondern lediglich verteidigen soll. In diesem Zusammenhang soll das verletzliche wahre Selbst geschützt werden, indem das falsche Selbst in bestimmten bedrohlichen Situationen zum Einsatz kommt. Dennoch wird das wahre Selbst nicht verdeckt oder unterdrückt, sondern als Potenzial erkannt. In der Regel finden die meisten Menschen eine Möglichkeit, die Potenzialität in einer Art und Weise auszudrücken, wodurch das wahre Selbst Anerkennung findet (vgl. Reifungsprozesse, 186).

Im Normalfall konstruieren wir uns ein soziales Selbst, das möglicherweise auch „falsch" ist, ohne dass wir völlig davon eingenommen werden. Das falsche Selbst, das hier ein soziales ist, also in einer Vermittlung mit dem wahren Selbst steht, repräsentiert eine (notwendige) gesellschaftliche Haltung. Dieser auf soziales Zusammenleben ausgerichtete Habitus bedeutet einen Omnipotenzverlust, da wir uns unserer Umwelt bis zu einem gewissen Grad fügen. Dieses Sich-Fügen hat jedoch bei jedem Menschen eine selbst gesetzte Grenze. Wenn es um persönlich wichtige Fragen geht, hören wir eher auf unser wahres Selbst, das berühmte „Bauch-Gefühl" könnte ein Indiz dafür sein. In der Regel kann sich in solchen Situationen das wahre Selbst gegenüber dem gefügigen Selbst durchsetzen (vgl. Reifungsprozesse, 195). So hat jeder Mensch einen persönlichen Spielraum für Kompromisse und Entscheidungen, die man noch „mit sich vereinbaren kann". Winnicott betont in diesem Kontext, dass es für jedes Individuum Lebensbereiche gibt, in denen man keine Zugeständnisse macht (zum Beispiel Religion) (vgl. Der Anfang ist unsere Heimat, 79). Auf diese Bereiche hat dann das soziale Selbst keinen Zugriff. Grundsätzlich kann man sagen, dass die Grenzen des sozialen beziehungsweise gefügigen Selbst dort liegen, wo das wahre Selbst tief verletzt werden kann. In solchen Zweifelsfällen „gewinnt" meist das wahre Selbst aufgrund seiner Eigendynamik und Spontanität. Wie bereits mehrmals erwähnt, ist das soziale Selbst notwendig für ein gesellschaftliches Miteinander; einerseits bedeutet die Fügung einen Omnipotenzverlust oder -verzicht, andererseits „gewinnt" man eine Stellung in der Gesellschaft, die man durch das wahre Selbst allein nicht erlangt hätte (vgl. Reifungsprozesse, 186).

Beschränkt sich das Leben eines Menschen jedoch auf den Bereich gesellschaftlichen Zusammenlebens und trifft dieser Entscheidungen nur in Anlehnung an Erwartungshaltungen und Konventionen, kann von der Gefahr einer Konstruktion eines falschen Selbst gesprochen werden.

5. Voraussetzungen für Vermittlung

5.1 Spiel, Kreativität und der „potenzielle Raum"

Das durch die Vermittlung Entstehende ist etwas „Neues" in dem Sinne, das sich Anteile von verschiedenen Seiten miteinander verbinden. Winnicott bezieht dies auf den frühkindlichen Umgang mit den vorgefundenen Objekten der Welt, wenn ein Kind einen Gegenstand „entdeckt" und dadurch eine Beziehung zu diesem aufbaut.

Das Ergebnis dieser „Entdeckung" muss nicht mit dem festgesetzten Zweck eines Objektes übereinstimmen; man kann von einer aktiven „Aneignung" sprechen, da Spontanität und Kreativität des Kindes dazu führen (können), aus einem vorgefundenen leblosen Objekt etwas „Eigenes" zu machen. In diesem Eigenen begegnet die Objektivität des Gegenstandes der Subjektivität des Kindes. Der Raum für Kreativität und Spontanität verortet Winnicott im kindlichen Spiel. Spielen stellt demnach den kreativen Umgang mit der Welt dar, einen Freiraum, welcher für die Entwicklung des Selbst eine sehr wichtige Rolle spielt.

Dieser Freiraum, von Winnicott auch „potenzieller Raum" genannt (vgl. Davis/ Wallbridge 1995: 104), muss einerseits gefunden oder entdeckt werden, andererseits aber vonseiten der Umwelt geschaffen und eingeräumt werden. Eine Vermittlung ist nur in diesem Raum zwischen objektiver Realität und Subjektivität möglich. Diese Freiräume sind für jeden Menschen wichtig und müssen immer wieder neu „entdeckt" und eingeräumt werden. Bezogen auf Bildung stellt der potenzielle Raum die Verknüpfung von eigenen Bildungsinteressen und -impulsen mit den vorgegebenen Inhalten dar; werden Inhalte nicht bloß übernommen, sondern in diesem Sinne angeeignet, wurde der potenzielle Raum für Bildung als Realität erkannt und genutzt. Auch bei Bildungsprozessen ist die Kreativität des Individuums Voraussetzung für die Vermittlung.

Der potenzielle Raum kann als intermediärer Bereich betrachtet werden, in dem Spiel als Entfaltung von Kreativität stattfindet. Da in diesem „Raum" keine festen Grenzen existieren, handelt es sich um eine Möglichkeit, die verlorene Omnipotenz wiederzuerlangen, außerdem können schöpferische Potenziale entdeckt und weiterentwickelt werden (vgl. Davis/ Wallbridge 1995: 104).

Im Spiel können die spontanen Impulse als Ausdruck des wahren Selbst wirksam werden, die im alltäglichen Leben oft vom sozialen Selbst verschleiert werden; das Individuum kann so schöpferisch tätig werden, als Material dieser Schöpfung dienen die vorgefundenen Objekte und Sinnzusammenhänge. Durch dieses Wirksamwerden der ursprünglichen Spontanität kann sich der Spielende selbst „entdecken" (vgl. Davis/ Wallbridge 1995: 106). Kreativität im Spiel hängt eng mit Kommunikation zusammen; sie findet dort statt, wo sich die potenziellen Räume „überschneiden". Jedes Individuum verfügt über einen persönlichen kreativen Spielbereich, welcher auch ein Raum für zwischenmenschliche Beziehungen und Begegnungen darstellen kann (vgl. Davis/ Wallbridge 1995: 106).

Kennzeichnend für das Spiel ist die Möglichkeit, sich innerhalb des potenziellen Raumes frei schöpferisch zu betätigen. D.W. Winnicott lokalisiert das Spiel in kulturellen Erlebnissen und im potenziellen Raum; „Gerade im Spielen und nur im Spielen kann das Kind und der Erwachsene sich kreativ entfalten und seine ganze Persönlichkeit einsetzen, und nur in der kreativen Entfaltung kann das Individuum sich selbst entdecken" (Vom Spiel zur Kreativität, 66).

Die im Spiel eingesetzte Kreativität ist Voraussetzung für die „Selbstfindung", da diese Kommunikation möglich macht. Winnicott geht noch einen Schritt weiter, indem er sagt, dass auf der Grundlage des Spielens die „gesamte menschliche Erfahrungswelt aufbaut" (Vom Spiel zur Kreativität, 76f.).

Kreativität impliziert nach diesem Verständnis eine Verbindung von Subjektivität und Objektivität beziehungsweise von innerer und äußerer Realität (vgl. Vom Spiel zur Kreativität, 77). Die Kreativität stellt dementsprechend schon selbst die Vermittlung(smöglichkeit) zwischen Subjekt und Objekt, zwischen Individuum und Gesellschaft dar. Kreativität ist nicht nur ein Schritt in Richtung Selbstständigkeit und Vermittlung, sondern ermöglicht es dem Menschen überhaupt „am kulturellen Reichtum der Welt teilzunehmen" (Davis/ Wallbridge 1995: 101). Wahrnehmung und Nutzung dieser kulturellen Reichtümer ist sozusagen die Weiterentwicklung des Spiels. Winnicott geht in diesem Kontext von einer Entwicklungsfolge von den frühkindlichen Übergangsphänomenen zum Spielen, vom einfachen Spielen zum gemeinsamen Spiel, bis hin zu kulturellen Erlebnissen und Erfahrungswerten aus (vgl. Davis/ Wallbridge 1995: 102).

Der potenzielle Raum entsteht nach Winnicott durch eine „doppelte Zurückhaltung"; einerseits muss die Objektwelt mit ihren Forderungen von anderen Menschen (primär der Mutter) zurückgehalten werden, andererseits muss sie Mutter beziehungsweise müssen sich die anderen Menschen mit ihren eigenen Ansprüchen und Erwartungshaltungen zurückhalten. Durch das Zurückhalten im doppelten Sinne entsteht ein freier, beschützter Raum, der jedoch nicht „leer" ist (vgl. Sesink 2001: 173). In diesem Raum ist die Objektwelt in einer weniger erdrückenden Weise präsent; das Kind kann sich seiner Umwelt ohne Ängste nähern und sie auf spielerische Weise „erkunden". Der potenzielle Raum ist weder in der rein emotionalen Innenwelt, noch in der äußeren Objektwelt zu verorten. Es handelt sich um eine Art Zwischenbereich, welcher nicht lokal definierbar ist. Das Spiel stellt eine Möglichkeit für das Kind dar, auf das Realitätsprinzip zu reagieren; im Spiel lernt es die Welt als etwas kennen, was man verändern und sozusagen „eigensinnig" erfahren und durch den Einsatz eigener Kreativität gestalten kann (vgl. Sesink 2001: 172). Da im potenziellen Raum intrapsychische Realität und Objektwelt zusammentreffen, kann dieser imaginierter „Raum" als Ort der Vermittlung betrachtet werden. In diesem Raum treffen die Seiten nicht einfach starr aufeinander, sondern sie gehen ineinander über und verbinden sich. Das Ergebnis ist weder nur das eine noch das andere; durch Vermittlung im potenziellen Raum entsteht eine dritte Größe, die weder äußere noch innere Welt ist und dennoch Teile von beidem enthält. Nach Winnicott hat der potenzielle Raum als Ort der Vermittlung zwischen äußerer Objektwelt und psychischer Innenwelt seinen Ursprung in der frühkindlichen Entwicklung; zu diesem Zeitpunkt beginnt auch das kindliche Spiel. Weitergeführt ist das Spiel die „originäre Art der Weltbegegnung" und für Winnicott unabdingbar die „Wurzel aller kulturellen Erfahrung und Kreativität" (Sesink 2001: 174). Wo Innerlichkeit und Äußerlichkeit in diesem Sinne zusammentreffen, findet Vermittlung statt. Auch Bildung beruht auf einer solchen wechselseitigen Bezugnahme, wenn wir Bildung nicht als reine Aneignung, sondern als eigensinnige, subjektive und selbstbestimmte Auseinandersetzung und Entwicklung verstehen.

Der potenzielle „Spielraum" ist ein Freiraum für Kreativität, der nicht in der bloßen Fantasiewelt des Kindes beziehungsweise des Menschen existieren darf; Vermittlung heißt, diesen Raum in Bereichen des Lebens wie Arbeit und Bildung zu „entdecken" und die schöpferischen Kräfte nicht ungenutzt zu lassen (vgl. Sesink 2001: 176).

Da Spielen das Vertrauen in die Umwelt voraussetzt (vgl. David/ Wallbridge 1995: 102), also das Wissen um das „Gehaltenwerden" von der Mutter, ist die Phase der absoluten Abhängigkeit mit der Omnipotenzerfahrung des Säuglings ein notwendiges Erlebnis für diese Entwicklung. Dieses Vertrauen ermöglicht das Spiel als Quelle „kreativer Fantasie" im Verständnis Winnicotts, da er damit eine Versunkenheit und innere Zurückgezogenheit verbindet und nur dadurch auch die „Fähigkeit, in Anwesenheit anderer allein zu sein" ausgebildet werden kann (vgl. Davis/ Wallbridge 1995: 102).

Kreativität kann demnach als eine wichtige Voraussetzung für die Vermittlung des Selbst betrachtet werden, da auf diese Weise potenzielle Räume wahrgenommen werden. Kreativität und Spontanität können als Ausdrucksmöglichkeit des wahren Selbst betrachtet werden; liegt eine absolute Assimilation an die Umwelt vor, ist das soziale Selbst so dominant, dass von der Konstitution eines falschen Selbst ausgegangen werden muss. Dies wiederum bedeutet, dass weder Raum für Kreativität, noch eine Möglichkeit zur Vermittlung besteht.

Eng verknüpft mit der Kreativität und Spontanität ist der „schöpferische Impuls" (Familie und individuelle Entwicklung, 22), der dem ererbten Potenzial entstammt und deshalb eine angeborene Tendenz ist. Laut Winnicott vergeht dieser Impuls, wenn ihm die Welt nicht entgegenkommt, da das schöpferische Potenzial dann nicht realisiert werden kann. Auch die Spontanität ist damit bedroht, und zwar erstens durch die Entwicklung des Kindes, und zweitens durch den Wunsch der Mutter, wieder ein eigenständiges Leben zu führen.

Durch eine „Neuerschaffung" der Welt kann das Kind Objektbeziehungen aufnehmen. Voraussetzung hierfür ist es, dass die Welt in den richtigen Momenten, solchen der Kreativität, präsent ist und dem Kind zur Neuerschaffung zur Verfügung steht. (vgl. Familie und individuelle Entwicklung, 22).

In diesem Kontext spielt auch die Fantasie eine entscheidende Rolle, welche sich im Zeitraum des ersten Lebensjahres beim Säugling besonders stark entfaltet und die Winnicott als „erfinderische Erweiterung der körperlichen Funktionen" versteht (Familie und individuelle Entwicklung, 16). Somit handelt es sich bei Fantasie,

Spontanität und Kreativität um Potenziale, für deren Verwirklichung Bedingungen vonseiten der Umwelt geschaffen werden müssen.

Für Winnicott ist die Voraussetzung für Kreativität das „Sein", genauer gesagt ist Kreativität das „Tun, das aus dem Sein erwächst" (Der Anfang ist unsere Heimat, 46). Kreativ kann demnach nur jemand sein, der „ist", also wirklich „lebendig" ist. Bedingung für diese Lebendigkeit ist wiederum, dass das Sein aus den spontanen Impulsen resultiert, welche Winnicott dem wahren Selbst zuordnet. Lebt ein Mensch nicht aus seinen eigenen Impulsen, ist er „unwirklich", weil sein Leben auf Anpassung und Sich-Fügen beruht. An die Stelle des wahren Selbst tritt dann das falsche Selbst, und der Platz des „Seins" wird durch „Reagieren" ausgefüllt. Reagieren impliziert, dass die Impulse von außen kommen, die einen Menschen veranlassen etwas zutun oder zu unterlassen. Die Spontanität und Kreativität wird dann unterdrückt beziehungsweise nicht zugelassen.

5.2 Der Beitrag der Umwelt

Wie bereits angesprochen, bedarf es zur Vermittlung neben den subjektiven Potenzialen und der Kreativität auch eines kohärenten Beitrages der Umgebung.

Wesentliche Rolle spielt hierbei für Winnicott die Mutter; zunächst muss diese der Omnipotenz des Säuglings begegnen, damit er ein Vertrauen in die mütterliche Fürsorge und damit ein Vertrauen in die Welt allgemein aufbauen kann. Dieses Vertrauen ist notwendig, damit der Omnipotenzverlust, der mit dem Wirksamwerden des Realitätsprinzips eintritt, verkraftet und überwunden werden kann. Winnicott spricht in diesem Zusammenhang von einer Mutter, die „gut genug" ist.

Durch die Fürsorge der Mutter kann das potenziell vorhandene wahre Selbst „erwachen"; hierfür muss die Mutter der Potenzialität, der „spontanen Geste" des Kindes, begegnen. Sie muss die Omnipotenzfantasie des Säuglings zunächst wirksam machen, um das anfänglich schwache Ich zu stärken und um eine allmähliche Abschaffung dieser Allmacht auf dem Weg zur relativen Selbstständigkeit möglich zu machen (vgl. Reifungsprozesse, 189f.)

Die Integration des Kindes kann und muss durch die Umwelt gefördert werden. Das „Sein-lassen" stellt für Winnicott die Grundvoraussetzung für Integration dar, da die Ich-Integration allein aus den spontanen Impulsen des Kindes heraus nicht möglich ist. Zum „Sein-lassen" gehört der mütterliche Schutz vor den „unvorstellbaren Ängsten" des Säuglings; „Falsches Halten ruft im Kind extremes Unbehagen hervor; es ist die Grundlage für das Gefühl des Zusammenbrechens ..." (Familie und individuelle Entwicklung, 32).

Zu den zentralen Funktionen der Mutter beziehungsweise später der Umwelt zählt Winnicott das „Halten". Damit ist das physische Gehaltenwerden und das daraus resultierende Gefühl der Geborgenheit gemeint, das dem Säugling Vertrauen in die Welt verschafft und eine „Kontinuität des Seins" gewährleistet (vgl. Sesink 2002: 56f.). Zweitens die Funktion des „Behandelns", das heißt der Körperkontakt und damit korrelierend die eigene Leibeserfahrung in Vermittlung mit der Mutter. Der physische Kontakt ist wichtig, da er zur Wahrnehmung des Selbst des Kindes beiträgt, und dieses sich als „wirklich" erlebt (vgl. Familie und individuelle Entwicklung, 32).

Mit „Realisieren" als dritte zentrale mütterliche Funktion ist das gemeint, was Winnicott als „Darbietung von Objekten" bezeichnet (vgl. Babys und ihre Mütter, 75). Durch diese Darbietung wird dem Säugling ermöglicht, zu den Objekten jenseits der Mutter in Kontakt zu treten; die Welt kommt der Potenzialität des Kindes entgegen und aktiviert die spontanen Impulse, beziehungsweise bringt diese in einem sinnvollen Zusammenhang.

Alle drei Aufgaben der fürsorglichen Mutter dienen dazu, die Ich-Integration des Kindes zu fördern und gleichsam vor Desintegration, beziehungsweise vor den kindlichen Ängsten, zu schützen (vgl. Sesink 2002: 56).

Eine Mutter muss des Weiteren auch ein Stück weit „entsagend" sein, da nur sie selbst als „Umwelt" den Säugling mit dem Realitätsprinzip konfrontieren kann. Sie soll „hinreichend gut" und „hinreichend fürsorglich" sein, um der natürlichen Entwicklung des Kindes zu entsprechen. Im weiteren Entwicklungsverlauf nimmt die nähere Umgebung auch diese Rolle ein; auch sie soll oder muss fördernd und entsagend zugleich sein, um ein Selbstständigwerden des Kindes zu ermöglichen und es realitätstauglich zu machen. Winnicott schreibt der hinreichend guten Mutter zwei zentrale Aufgaben zu; einerseits soll sie eigene Anforderungen an das Kind zurückhalten, andererseits aber auch störende Einflüsse der Umwelt fernhalten. Durch diese „doppelte Zurückhaltung" räumt die Mutter dem Kind einen „Freiraum für das Sein" ein, also für die Ich-Integration sowie für die Vermittlung mit der sozialen Integration (vgl. Sesink 2002: 54).

Die entsagende Mutter konfrontiert das Kind mit der Realität, dass es selbst nicht der Schöpfer seiner und ihrer Selbst ist. Damit zusammenhängend gibt sie dem Säugling die Chance, sich als etwas von ihr Getrenntes wahrzunehmen, da sie sich nun auch selbst als eigenständiges Individuum präsentiert. Nur dadurch kann das Kind seine eigenen Kräfte überhaupt erst wahrnehmen und aktivieren (vgl. Sesink 2002: 63).

Eng verknüpft mit dem „Versagen" der Umwelt ist in diesem Kontext die Zuverlässigkeit. Durch die anfängliche Omnipotenz in der Phase der absoluten Abhängigkeit hat das Kind in der Regel ein Vertrauen aufgebaut, wodurch ein verinnerlichtes Bild von der fürsorglichen Mutter entstanden ist. Dieses Bild gibt ein Vertrauen in die Umwelt, die später eine Erweiterung der Mutter darstellt, aufgebaut durch die frühkindliche Erfahrung, dass das mütterliche „Versagen" kein endgültiges ist (vgl. Sesink 2002: 64).

Ein weiteres Konzept Winnicotts, das in Zusammenhang mit der erfahrbaren Realität der Umwelt in Zusammenhang steht, ist das der „antisozialen Tendenz". Antisoziales Verhalten, zum Beispiel Stehlen, ist demzufolge ein Hinweis auf „Hoffnung". Winnicott geht davon aus, dass ein antisozial handelndes Kind einen Verlust erlitten hat und durch sein Verhalten die Umwelt zu einer Resonanz auffordert (Aggression, 161f.). Durch intendiertes, von der gesellschaftlichen Norm abweichendes Verhalten provoziert das Kind eine eindeutige Reaktion. Das, was man umgangssprachlich auch als „Grenzen austesten" bezeichnet, ist in diesem Zusammenhang Ausdruck von Verzweiflung und Hoffnung zugleich; die Hoffnung auf eine Sicherheit, die zuvor von mütterlichen Fürsorge ausging, jetzt jedoch verloren gegangen ist. Die Fürsorge der Mutter steht für Sicherheit und Zuverlässigkeit, ein Gefühl, dass für die Entwicklung eines Kindes sehr bedeutsam ist. Wird das Kind von der Umwelt nicht auf eine zuverlässige Art „gehalten", kann dies zu einem antisozialen Verhalten führen. Die Suche nach dem Gehaltenwerden stellt demzufolge implizit auch immer eine Suche nach der Mutter dar.

Winnicott formuliert dies am Beispiel Stehlen wie folgt: „Das Kind, das einen Gegenstand stiehlt, sucht nicht nach diesem gestohlenen Gegenstand, sondern nach der Mutter, auf die es einen Anspruch hat ..." (Aggression, 164).

6. Zusammenfassung: Vermittlung bei D.W. Winnicott

D.W. Winnicott versteht unter Vermittlung eine „Leistung", die das Subjekt selbst, also aus sich heraus, erbringen muss. Den Anfang der Vermittlung von Selbst und Umwelt, zunächst repräsentiert durch die Mutter, verortet er im frühen Säuglingsalter, also hauptsächlich im Zeitraum des ersten Lebensjahres.

Eine tragende Rolle für eine gelingende Ich-Integration stellt in diesem Kontext die mütterliche Fürsorge dar. Der Mutter kommt hierbei eine doppelte Aufgabe zu; einerseits muss sie sich den Bedürfnissen des Kindes unterwerfen, dann ist die Mutter „gut genug" (vgl. Reifungsprozesse, 73f.) und der Säugling entwickelt ein Vertrauen in die Welt, welches ihn zum Selbstständigwerden befähigt.

Das Kind verfügt über ein angeborenes Potenzial zur Integration, welches durch eine fördernde und zugleich zurückhaltende Umwelt realisiert werden kann. Die Umgebung muss eine „zurückhaltende" sein, indem sie das Kind „sein lässt"; das „sein können" ist nach Winnicott die Grundbedingung für die Ich-Integration (vgl. Sesink 2002: 53). Eine fördernde Umwelt macht eine Entwicklung des Säuglings zwar möglich, sie „macht" aber nicht das Kind. Insofern kann die Umwelt das Kind nur dazu befähigen, sein natürliches Potenzial zu realisieren. Im Grunde handelt es sich um eine doppelte Abhängigkeit; das Kind ist von der Fürsorge der Mutter und von der Förderung durch die Umwelt abhängig, die Umwelt und die Mutter sind andererseits abhängig von den Erbanlagen des Säuglings als „Material" der Integration (vgl. Reifungsprozesse, 108).

Damit das Baby seine Potenziale als Anteile des Selbst verwirklichen kann, muss die Umwelt als eine unterstützende präsent sein (Winnicott nennt diese Funktion „Halten"), aber dem Kind auch Freiraum gewähren, zu sich selbst zu „finden".

Demzufolge spielt die Umwelt eine große Rolle bei den Vermittlungen des Selbst, da sie die Potenziale des Kindes Wirklichkeit werden lässt beziehungsweise zulässt, dass dies geschieht.

Übertragen auf die weitere Entwicklung eines Menschen stellt die angesprochene Umwelt, später repräsentiert durch Familie, Freundeskreis, Peergroups, Medien und so weiter, auch über das Kindesalter hinaus einen wichtigen Faktor bei der Vermittlung dar. Auch später muss zwischen Selbst und Umwelt vermittelt, und eigene Bedürfnisse müssen mit Rahmenbedingungen vereinbart werden. Man kann annehmen, dass die von Winnicott dargestellte Theorie der emotionalen Entwicklung im Säuglingsalter Einfluss auf den späteren „Erfolg" bei diesen Vermittlungen hat. Dementsprechend stellt die Ich-Integration des Säuglings die erste entscheidende Vermittlungsleistung dar, wodurch ein Leben im gesellschaftlichen Kontext möglich wird. Misslingt diese, kann ein Mensch sein Leben lang Probleme haben, sich anzupassen. Man würde dann von Soziopathie sprechen. Bildet ein Mensch jedoch ein „falsches Selbst" heraus aufgrund eines Versagens der Anpassung der Umwelt in der Phase der Abhängigkeit, kann eine „Deformation der Ich-Organisation" die Folge sein (vgl. Davis/ Wallbridge 1995: 79). In diesem Falle richtet ein Mensch sein Leben nach den Anforderungen der Umwelt aus, wodurch sein wahres Selbst fast vollständig verdeckt und blockiert wird. Diese Entwicklung kann Schizophrenie zur Folge haben.

Die frühkindliche Phase ist in Anlehnung an Winnicotts Theorie maßgeblich für eine gesunde Entwicklung. Fehlt die Fürsorge der Mutter und damit korrelierend die Omnipotenzerfahrung des Säuglings, wirkt sich das fehlende Vertrauen in die Umwelt auf das spätere Leben aus. Nur durch eine absolute Hingabe der Mutter, welche für den Säugling eine absolute Sicherheit darstellt, kann nach Winnicott das wahre Selbst zum Ausdruck kommen, was dem Selbst des Kindes die nötige Stärke verleiht, um mit dem anschließenden „Versagen" der Umwelt fertig zu werden. Die spätere Fähigkeit zu Kompromissen resultiert aus dieser Erfahrung. Das soziale Selbst kann nur durch die Realität des wahren Selbst herausgebildet werden (vgl. Reifungsprozesse, 195).

Die Bedeutung, die D.W. Winnicott der Entwicklung in der frühkindlichen Phase zuschreibt, erscheint etwas fatalistisch, da damit die psychische Gesundheit eines Individuums von einem sehr kurzen und frühen Lebenszeitraum abhängig ist. Er betont in seinen Arbeiten zur emotionalen Entwicklung jedoch mehrfach, dass im Normalfall eine Vermittlung zwischen wahrem und sozialem Selbst stattfindet und sich das wahre Selbst bei entscheidenden Fragen gegenüber den Aspekten des falschen Selbst durchsetzen kann (vgl. Reifungsprozesse, 195). In der Regel ist auch die mütterliche Fürsorge durch die natürliche Identifikation mit dem heranwachsenden Kind gesichert. Das Kind ist in der Phase der absoluten (physischen und psychischen) Abhängigkeit auf die Fürsorge der Mutter angewiesen; die Fähigkeit der Mutter, sich den Bedürfnissen des Babys bedingungslos anzupassen, nennt Winnicott „primäre Mütterlichkeit" (vgl. Reifungsprozesse, 109).

Da jedoch auch andere Faktoren in der weiteren Entwicklung eines Kindes eine Rolle spielen, sind auftretende „Fehler" in der frühkindlichen Entwicklung nicht irreversibel. Winnicotts Ausführungen basieren auf seiner praktischen Arbeit als Kinderarzt und Psychologe; durch seine Theorie der emotionalen Entwicklung versucht er Erklärungsansätze für seine Beobachtungen und Erfahrungen zu finden; Ansätze, die keinen Anspruch auf Absolutheit verfolgen.

Teil B (Vergleich)

7. George H. Mead und die Sozialpsychologie

7.1 Mead als Sozialpsychologe und Sozialphilosoph

George Herbert Mead wurde am 27.02.1863 in South Hadley/ Massachusetts geboren. Nach längerer Lehrer- und Ingenieurtätigkeit studierte er Philosophie und (physiologische) Psychologie. Später unterrichtete er an Universitäten Psychologie und Philosophie und legte seinen Forschungsschwerpunkt vor allem auf die von ihm viel rezipierte und zitierte Evolutionstheorie. Er hatte großes Interesse an Erziehungsfragen und der Bildungspolitik und leistete einen erheblichen Beitrag zu reformpädagogischen Projekten.

Mead starb schließlich im Alter von 68 Jahren nach fast 40 Jahren Lehrtätigkeit an der Universität von Chicago (vgl. Garz 2006: 40f.).

Bis zu seinem Tode gab es keine einzige Veröffentlichung von George Herbert Mead; sein umfangreiches Werk wurde zum großen Teil nachträglich von seinen Schülern publiziert und fand seitdem auch im deutschen Sprachraum immer mehr Beachtung in Wissenschafts- und Fachkreisen. So bezieht sich beispielsweise Habermas in seiner „Theorie des kommunikativen Handelns" (1981) auf die Ansätze von Mead (vgl. Garz 2006: 40).

In Anlehnung an den Behaviorismus besteht das Hauptanliegen Meads in der Analyse des Verhaltens (behavior). Mead betrachtet menschliche Verhaltensmuster jedoch nicht als einfaches Reiz-Reaktions-Schema, wie ihm manchmal unterstellt wird, sondern er fokussiert die Interiorisierung von Erfahrungen, welche Verhaltensmuster generieren (vgl. Garz 2006: 42f.). Mead interessiert sich in diesem Kontext ganz besonders für die Instanz „zwischen" Reiz und Reaktion. Entgegen dem „klassischen" Behaviorismus hebt er das Verhalten auf die Ebene des Bewusstseins und des Geistes (vgl. Garz 2006: 43), der das Verhalten durch die „Verinnerlichung von Gesten" manifestiert. Der Geist ist demzufolge die entscheidende Instanz, die zwischen Subjekt und Objekt, zwischen Mensch und Umwelt vermittelt. Vermittlung kann im Sinne Meads nur durch die Fähigkeit zur Perspektivenübernahme beziehungsweise durch Perspektivenwechsel erfolgen, sprich durch die Fähigkeit, sich in andere Menschen hineinzuversetzen.

Auch wenn Mead vor allem in der Sekundärliteratur als „Behaviorist" bezeichnet wird, unterscheidet er sich trotz einiger Gemeinsamkeiten wesentlich von den Annahmen des klassischen Behaviorismus; so bezieht sich der behavioristische Ansatz von Watson beispielsweise ausschließlich auf Bestandteile einer Handlung, welche der äußeren Beobachtung zugänglich sind, während Mead auch den Bereich der inneren Erfahrung eines Menschen berücksichtigt. Die Kommunikation durch Gesten und die Interaktion mittels signifikanter Symbole bilden den Ausgangspunkt für die Meadsche Theorie (vgl. Garz 2006: 43f.).

Bei der Entwicklung seiner Sozialpsychologie ist für George Herbert Mead die Erkenntnis der „Sozialität der Lebensformen" von zentraler Bedeutung. Außerdem ist Verständnis die Voraussetzung für jede zwischenmenschliche Kommunikation, das durch den Gebrauch und das Verstehen signifikanter Symbole ermöglicht wird (vgl. Wenzel 1990: 48). Für Mead stellt diese Theorie der „symbolisch vermittelten Interaktion" die Basis für das Verständnis jeglichen sozialen Handelns dar; im Zuge seiner Sozialpsychologie versucht Mead der Frage nachzugehen, an welche Bedingungen das Gelingen von Intersubjektivität geknüpft ist (vgl. Wenzel 1990: 49).

Mead vertritt in Anlehnung an William James' hypothetisch-pluralistischen Ansatz die Auffassung, dass das Psychische als „unmittelbare Erfahrung" in einem gesellschaftlichen Gesamtzusammenhang eingebettet ist (vgl. Wenzel 1990: 56). Für Mead beginnt Sozialität grundsätzlich bei einem Zusammenleben, das auf Kommunikation beruht; demnach sind auch Tiergemeinschaften sozial organisiert. Sozialität steht für ihn am Beginn eines gesellschaftlichen Zusammenschlusses und bedeutet nicht, dass die Individuen zwangsläufig über ein Selbstbewusstsein verfügen müssen; eine gemeinschaftlich organisierte Lebensform ist laut Mead bereits eine soziale (vgl. Wenzel 1990: 62).

Zwischenmenschliche Kommunikation und die daraus resultierende Bedeutung von Symbolen und sprachlicher Interaktion stellen für Mead die Voraussetzung für das Entstehen menschlichen Bewusstseins und Reflexion dar. Kommunikation ist damit als unabdingbare Voraussetzung für die Konstitution von Identität zu verstehen (vgl. Wenzel 1990: 70). „Reflexive Intelligenz" entsteht erst in und durch kommunikatives Handeln. Kommunikation wird in diesem Kontext als funktionaler Aspekt der Beziehung zwischen Individuum und Gesellschaft betrachtet. Diese reflexive Intelligenz kann demnach rationales Handeln ermöglichen. Denken stellt für Mead folglich schon ein auf Kommunikation ausgerichteter Prozess dar und ist die basale Voraussetzung für Selbstentwicklung und für die Konstitution einer Ich-Identität, da durch den Denkprozess eine „Internalisierung" dessen stattfindet, was Mead die „Haltungen anderer" nennt (vgl. Wenzel 1990: 77f.).

7.2 Der symbolische Interaktionismus

Mit der Evolutionstheorie wurde der Fokus wissenschaftlicher Auseinandersetzungen allmählich auf den Aspekt der Entwicklungsveränderungen gelegt, im Zuge dessen ein Zusammenwirken von Umwelt und Organismus unterstellt und eine Interdependenz zwischen Individuum und Gesellschaft postuliert wurde.
In diesem Kontext wurde Gesellschaft als „komplexe biologische Einheit" neu definiert, die in „evolutionäre Kategorien eingebettet ist" (Geist, Identität und Gesellschaft, 13).
Diesem Grundgedanken folgt seiner Zeit auch George Herbert Mead, der den Geist und die Identität als im gesellschaftlichen Prozess entstehende und entstandene Größen betrachtet. Die Entwicklung eines Individuums kann demzufolge nicht außerhalb der Kategorie Gesellschaft gedacht und nachvollzogen werden. Die Entwicklung einer Identität erfolgt über Handlungen, da sich der Geist nach Mead innerhalb des Verhaltens entwickelt; durch Verhalten, also einzelne Handlungen entstehen Erfahrungswerte, welche dann als Teil der übergeordneten gesellschaftlichen Handlung verinnerlicht werden. Die individuelle Handlung, welche letztlich Identität stiftet und konstituiert, wird demzufolge innerhalb der holistischen gesellschaftlichen Handlung gesehen. In diesem Sinne gründet der Ansatz von Mead auf einem Sozialbehaviorismus (dieser Begriff wird von Mead selbst nicht gebraucht), der Psychologie und Soziologie auf der Grundlage von evolutionstheoretischen Annahmen verbindet (vgl. Geist, Identität und Gesellschaft, 19).
Biografisch und wissenschaftlich war für George Herbert Mead das evolutionstheoretische Werk von Darwin sehr prägend (vgl. Garz 2006: 41).

Durch die explizite Bezugnahme auf die damals innovativen Theorien stellte sich Mead gegen die anerkannten klassisch-religiösen Vorstellungen vom Menschen als göttliche Schöpfung. Anstelle dieser traditionellen Vorstellung trat eine Auffassung, wonach sich das Individuum auch in und durch das gesellschaftliche Umfeld entwickelt. Individuum und Gesellschaft stehen in einem wechselseitigen Verhältnis, da das soziale Umfeld die Identität des Einzelnen maßgeblich beeinflusst und mitkonstituiert, und andererseits die Gesamtheit der Individuen den gesellschaftlichen Prozess bestimmt.

Grundlegend für die Theorie Meads ist die sogenannte „sozialen Kooperation". Hier wird von der Annahme ausgegangen, dass die menschlichen angeborenen Impulse nur im Falle von Kooperation und Interaktion zwischen den Mitgliedern einer Gemeinschaft Befriedigung finden (vgl. Wagner 1999: 9). Die Kooperations- und Integrationsprozesse stellen danach soziale Akte dar, die das gesellschaftliche Zusammenleben sichern und biologisch verwurzelt sind.

An dieser Stelle kann ein Bezug zu Winnicott hergestellt werden, der auch von „angeborenen Impulsen" und einer „Tendenz zur Integration" ausgeht (vgl. 3.1).

Somit postulieren sowohl Mead als auch Winnicott, dass der Mensch bereits als soziales Wesen auf die Welt kommt, da er das Potenzial und den natürlichen Drang zur Integration, also auch zur Vermittlung, in sich trägt.

Laut Mead spielt die zwischenmenschliche Kommunikation eine tragende Rolle bei der Vermittlung des Selbst; die Kommunikation erfolgt durch „Gebärden", welche am Anfang jedes sozialen Aktes stehen. Die Gesten und Gebärden sind eine Art „Überbleibsel" ursprünglich voll ausgeprägter interaktioneller Prozesse; Mead bezeichnet sie als „abgeschnittenen, synkopierten Akt" (Wagner 1999: 10). Da die Mitglieder einer Gesellschaft die Bedeutungen der symbolischen Gesten verinnerlicht haben, also in der Lage sind, die Perspektive anderer Menschen einzunehmen, kann durch die Gebärde Sozialität hergestellt und gesichert werden (vgl. Wagner 1999: 10).

Die Vermittlung zwischen Individuum und Gesellschaft erfolgt demnach über Symbole, die eine Verbindung zwischen Innen- und Außenwelt darstellt und zusammen das Verhalten eines Subjektes konstituiert. Die symbolisch vermittelte Kommunikation zwischen Menschen unterscheidet sich dementsprechend grundlegend von der Kommunikation zwischen Tieren, welche auf Instinkten und Triebbefriedigung beruht. Aus dieser instinktiven Kommunikationsform entstand nach der Auffassung Meads im Laufe der Evolution die zwischenmenschliche Interaktion mittels symbolischer Gesten (vgl. Wagner 1999: 11).

8. Identitätsentwicklung

8.1 Identität: „I" und „Me"

George Herbert Mead geht ähnlich wie Winnicott von einem korrelativen Verhältnis zwischen Individuum und Gesellschaft aus. Während Winnicott die Möglichkeiten zu einer Entwicklung des Selbst an die Fürsorglichkeit der Umwelt koppelt, betrachtet auch Mead die Identitätsentwicklung als „gesellschaftlichen Prozess" (vgl. Geist, Identität und Gesellschaft, 207).

Auch wenn Winnicott den Begriff Identität in diesem Kontext nicht verwendet, kann „Identität" nach Mead mit dem „Selbst" nach Winnicott gleichgesetzt werden; Identität ist für Mead mehr als die von Beginn an vorhandene Einzigkeit eines Menschen. Identität bezeichnet eine Entwicklungsstufe, die bereits mit einem gesellschaftlichen Bewusstsein und Reflexivität verbunden ist und den „Hinweis auf ein ICH"[2] impliziert (vgl. Geist, Identität und Gesellschaft, 207).

Demzufolge ist Identität bereits ein Ergebnis der Vermittlung zwischen Individuum und Gesellschaft. Auch Winnicott betrachtet das Selbst, hier mit dem Identitätsbegriff von Mead vergleichbar, als Produkt gesellschaftlicher Integration.

Beide betrachten die Umwelt als entscheidenden Faktor zur Selbst- beziehungsweise Identitätsentwicklung. Identität und Selbst können demnach nur durch und mit der reflexiven sozialen Auseinandersetzung gedacht werden.

Mead bezeichnet Identität als „vermittelte Erfahrung", die durch den Integrationsprozess herausgebildet wird (vgl. Wagner 1999: 28). Identität nach Mead ist also mit dem Konzept des Selbst von Winnicott vergleichbar. Trotz der unterschiedlichen Begrifflichkeit nimmt Mead grundsätzlich eine ähnliche Trennung vor; die Differenzierung zwischen wahrem und falschem (beziehungsweise sozialem) Selbst bei Winnicott (vgl. 4.3/ 4.3) entspricht etwa der Meadschen Unterteilung in Subjektivität und Identität.

Bei der Identität eines Subjekts handelt es sich laut Mead um einen Prozess, bestehend aus den zwei Phasen; dem „I" und dem „Me" (vgl. Geist, Identität und Gesellschaft, 221). Das „I", in der deutschen Übersetzung als „Ich" unterschieden, bildet solche Anteile der Identität heraus, denen sich der Mensch nicht bewusst

---

[2] In der deutschen Übersetzung wird die originalsprachige Differenzierung zwischen „I" und „Me" durch „Ich" und „ICH" wiedergegeben; dementsprechend ist hier das „Me" gemeint.

ist. Es ist sozusagen das reaktive Ich, das in seinem Wesen immer ein Stück weit unbestimmt und unberechenbar bleibt. Die von Winnicott im wahren Selbst zu konstatierende Spontanität findet sich bei Mead auch hier wieder. Während Winnicott hingegen von einer notwendigen Vermittlung zwischen wahrem und falschem Selbst ausgeht, nimmt Mead in diesem Kontext eine radikalere Trennung zwischen den Entsprechungen von Subjektivität und Identität vor. Beide, Winnicott und Mead, verorten nicht nur in der ursprünglichen Spontanität, sondern auch in der Sozialität des Individuums diese spontanen und kreativen Impulse.

Der basale Unterschied beider Ansätze liegt in der Art und Weise, wie diese Impulse Zugang zum sozialen Entwicklungsprozess des Menschen haben. Winnicott geht hier von Anteilen eines wahren Selbst, resultierend aus der Potenzialität eines Kindes und Anteilen eines sozialen Selbst aus, welches sich durch den Integrationsprozess herausbildet. Beide Anteile sind demnach potenziell von Geburt an existent, er spricht in diesem Zusammenhang von einer „Tendenz zur Integration" (vgl. 3.1).

Die Entwicklung eines Selbst wird durch Interpenetration beider Anteile möglich, sprich durch eine Vermittlung von wahrem und falschem (sozialem) Selbst. Damit ist für ihn „Identität", nach seiner Terminologie Selbstentwicklung, als offener Prozess zu betrachten, das heißt, es kann kein soziales Selbst ohne die Existenz eines realen wahren Selbst geben und umgekehrt.

Die im „wahren Selbst" immanente Spontanität und Kreativität geht folglich im Integrationsprozess nicht einfach verloren, sondern ist latent immer vorhanden. Spontanität und Kreativität ordnet Mead hingegen der Subjektivität zu, also der unmittelbaren Erfahrungswelt. Identität als ein von der Subjektivität abtrennbarer Prozess versteht er im Gegensatz dazu als gesellschaftlich vermittelte Erfahrung des Individuums (vgl. Wagner 1999: 28).

Während die latente Spontanität bei Winnicott durch Vermittlung quasi in die Anteile des sozialen, „gefügigen" Selbst übergeht und sich in manchen Situationen außerplanmäßig äußern kann, räumt Mead Spontanität und Kreativität im Prozess der Identität einen eigenen Bereich ein. Somit sind Anteile des „wahren Selbst" nach Winnicott immanent in der vermittelten Erfahrungswelt nach Mead. Das „I" stellt in diesem Kontext die „Spontanitätsinstanz" dar; diese wird folglich nicht durch Vermittlung zwischen Subjektivität und Identität präsent, sondern Spontanität und Kreativität betrachtet Mead als eigenen Bereich der Identität, repräsentiert durch das „I" (vgl. Wagner 1999: 24).

Als „I" („Ich") sind Anteile zu betrachten, mit welchen sich der Mensch identifiziert, und mit deren Präsenz er auf die Einflüsse der Umgebung reagiert. Diese Reaktionen sind relativ unbestimmt und initiativ, man kann das „I" innerhalb der Theorie Meads mit den Impulsen des „wahren Selbst" bei Winnicott vergleichen. Das „I" ist als Teil des „Me" („ICH") zu definieren; Erfahrungen und gesellschaftliche Haltungen sind demgegenüber dem „Me" zuzuordnen, vergleichbar mit dem „sozialen" beziehungsweise „falschen Selbst" bei Winnicott.

Laut Mead ist das „I" die „Reaktion des Organismus auf die Haltungen anderer", das „Me" eine „organisierte Gruppe von Haltungen anderer, die man selbst einnimmt" (Geist, Identität und Gesellschaft, 218). Demzufolge unterscheidet er zwischen einer bewussten („Me") und einer unbewussten („I") Identität. Die bewusste Identität eines Subjektes ist auf das Funktionieren des gesellschaftlichen Zusammenlebens gerichtet und damit im Prozess der Identität maßgeblich. Das „I" hingegen ist aus Gründen der Angepasstheit sozusagen verdeckt, und äußert sich nur in den Reaktionen auf andere Menschen und Situationen; auch hier ist eine sehr deutliche Ähnlichkeit zur Bestimmung des „wahren Selbst" bei Winnicott zu konstatieren.

Erwartungshaltungen und Normen hat der Mensch soweit verinnerlicht, dass das Ich („Me") meist keine Schwierigkeiten hat, situationsadäquat zu handeln. Erst wenn die Haltungen anderer Menschen an Gültigkeit verlieren oder aber ein unbekanntes Problem auftritt, reicht die durch das ICH vermittelte Erfahrung nicht mehr aus. Hier ist dann das Ich gefragt, welches aufgrund seiner Unbestimmtheit im ICH (noch) nicht präsent ist. Machen wir dann eine bestimmte Erfahrung, findet eine Verinnerlichung der „Haltungen anderer", wie Mead diesen Sachverhalt beschreibt, statt und die Reaktion des Ich geht als Erfahrung in das ICH über (vgl. Geist, Identität und Gesellschaft, 218f.).

Dieser Aspekt einer latenten Spontanität erinnert an Winnicott, der in diesem Kontext auch die Unberechenbarkeit und Unbestimmtheit der im Selbst vorhandenen Potenzialität hervorhebt.

„I" und „Me" stellen in der theoretischen Konzeption Meads die beiden Bereiche der Identität dar, die sich wechselseitig beeinflussen. Das „I" ist demnach als Reaktion des Organismus auf die Haltungen anderer zu verstehen, das „Me" als organisierte Gruppe dieser Haltungen, welche man gleichsam selbst einnimmt (vgl. Garz 2006: 47). In dieser Konstellation ist es das „I", das reagiert und Haltungen letztlich ausführt. Auch hier ist eine Parallele zu Winnicott feststellbar, welcher dem „wahren Selbst" die letzte Entscheidungsgewalt zuspricht, indem er sagt, dass sich das wahre Selbst als „Kern der Identität" in wichtigen Situationen und bei entscheidenden Fragen dem gefügigen Selbst gegenüber durchsetzten kann (vgl. 4.3). Das „Me" stellt die Seite des Subjektes dar, die sozusagen von „außen" geprägt ist und die versucht, den Anforderungen des gesellschaftlichen Umfeldes zu entsprechen; das Me ist ein „von Konventionen gelenktes Wesen" (Garz 2006: 47).

Wie Winnicott geht auch Mead in diesem Kontext von dem Idealfall einer Vermittlung zwischen beiden Seiten aus; das I ist als subjektive Freiheit, das Me als Determination zu betrachten, welche wiederum die Freiheit und Initiative des I erst ermöglicht. Beide Bereiche der Identität korrelieren miteinander, da die Ausprägung der jeweiligen Seite von der Existenz beziehungsweise Präsenz der anderen Seite abhängig ist. Ein Selbst, das ausschließlich durch das I oder das Me geprägt ist, kann es folglich nicht geben, da Identität weder rein konventionell konstruiert, noch vollkommen von sozialen Kontexten zu isolieren ist (vgl. Garz 2006: 48); auch nach Winnicott kann kein absolutes, unabhängiges wahres Selbst existieren, da die Bedingungen zur Realisierung des wahren Selbst im sozialen Umfeld liegen und von diesem ermöglicht werden müssen (vgl. 5.3).

8.2 Subjektivität und Identität

Mead nimmt eine begriffliche Trennung zwischen Subjektivität und Identität vor, welche die wesentlichen Elemente von Bildung darstellen (vgl. Wagner 1999: 23). Subjektivität wird nach Mead nicht im eigentlichen Sinne vermittelt, sondern tritt erst angesichts eines Problems in Erscheinung; durch die Subjektivität wird ein Problem zur unmittelbaren Erfahrung und durch die immanente Kreativität wird „Neues" geschaffen und in die jeweilige Handlung integriert (vgl. Wagner 1999: 23).

Emotionalität ist nach Mead eng mit der Subjektivität verbunden, da sich unmittelbare Empfindungen unkontrolliert und unvermittelt äußern. Subjektivität ist folglich als Handlungsphase zu betrachten, die vom Subjekt unbewusst eingesetzt wird.
Der letztendliche Handlungsvollzug ist demnach Sache der Subjektivität, also des „I". Mead bezeichnet die Subjektivität in diesem Kontext als „Punkt der Unmittelbarkeit, der in einem vermittelten Prozess existieren muss" (Wagner 1999: 24). Damit spricht er wie Winnicott der Spontanität eine gewisse Autonomie zu und hebt hervor, dass Identität ohne das Moment der Subjektivität nicht real werden kann. Identität ist als umfassender Prozess zu verstehen, in welchem Subjektivität existiert und Realität werden kann. Auch wenn Mead Subjektivität und Identität begrifflich differenziert, ist die Subjektivität in Gestalt des „I" im Prozess der Identität vorhanden und tritt in Form von einer spontanen Kreativität zutage.
An dieser Stelle ist eine starke Affinität zu Winnicotts Konzept des „wahren Selbst" feststellbar; ähnlich wie Mead geht auch Winnicott von einer ursprünglichen Spontanität aus, welche jedoch erst durch gesellschaftliche Vermittlung sozusagen zum Tragen kommt. Bei Winnicott enthält das soziale (falsche) Selbst latent immer Anteile des wahren Selbst. Auch Mead geht vom Wirksamwerden der spontanen Impulse aus, von ihm als Subjektivität bezeichnet, welche als eigene Phase der Identität („I") zu beschreiben sind.
Grundlegend stimmen beide darin überein, dass es kein absolutes soziales Selbst ohne wahres Selbst, beziehungsweise keine Identität ohne immanente Subjektivität geben kann.
Das Selbst beziehungsweise die Identität eines Menschen kann niemals unabhängig vom gesellschaftlichen Umfeld beschrieben werden, da nicht nur ererbte Potenziale und subjektive Impulse, sondern auch und gerade die reflexive Vermittlung mit anderen Individuen Identität stiftet. Mead spricht in diesem Zusammenhang von einem „Dialog" gegenseitiger Beeinflussung, von einem reflexiven Prozess, in dem sich Identität entwickelt (vgl. Geist, Identität und Gesellschaft, 211). Identität kann demzufolge immer nur als dualer Prozess betrachtet werden; man kann „Identität nicht mit dem Bewusstsein identifizieren, d.h. mit dem privaten oder subjektiven Vorhandensein der Merkmale von Objekten" (Geist, Identität und Gesellschaft, 212).

Was Winnicott als „Selbst" bezeichnet, nennt Mead entsprechend das „Ich"; dieses meint die Identität eines Individuums insgesamt, es umfasst demzufolge „I" und „Me". Das Ich ist nicht einfach bei Geburt vorhanden, sondern entwickelt sich aus dem Prozess sozialer Erfahrungen und Interaktionen. Das Ich stellt das Ergebnis der Beziehungen eines Menschen zum sozialen Prozess dar, sowie zu den anderen Menschen innerhalb dieses Prozesses (vgl. Sozialpsychologie, 263).

Auch Winnicott geht von einer sozial vermittelten Entwicklung des Selbst aus; das Potenzial des Selbst ist jedoch schon vorhanden und muss zur Entfaltung gebracht werden, beziehungsweise muss diese Entfaltung vonseiten der Umwelt ermöglicht werden (vgl. 5.3).

Damit kann zusammenfassend gesagt werden, dass sowohl Mead als auch Winnicott nicht nur eine Möglichkeit, sondern eine Notwendigkeit der Vermittlung zwischen Individuum und Gesellschaft, zwischen Selbst und Umwelt, und zwischen Subjektivität und Identität behaupten.

ICH und Ich (Me und I) stellen nach Mead die Phasen der Identität dar, die sich gegenseitig bedingen und beeinflussen, und durchaus im Widerspruch zueinander stehen können. Je nach Person und Situation kann die eine oder andere Phase im Vordergrund stehen (vgl. Geist, Identität und Gesellschaft, 244).

Auch Winnicott vertritt diese Auffassung indem er sagt, dass das wahre Selbst in bedeutenden Situationen in den Vordergrund tritt und die letzte Entscheidungsinstanz bildet.

8.3 Zur Konstitution des Ichs

Ähnlich wie Winnicott betrachtet auch Mead das Ich als ganzheitliches Konstrukt. Im Gegensatz zu unserer Körperlichkeit sind wir in der Lage, unser Ich beziehungsweise Selbst als holistischen Prozess wahrzunehmen; das „Ich" (self) hat sich demzufolge selbst „zum Objekt" und ist nach Mead reflexiv, das heißt, es kann gleichzeitig Subjekt und Objekt sein (vgl. Sozialpsychologie, 264f.).

Zur Konstitution eines Ichs im Meadschen Sinne gehört darüber hinaus auch die Fähigkeit des Individuums, eine objektive Haltung gegenüber sich selbst einnehmen zu können. Diese Fähigkeit ist Bedingung für rationales Handeln, also für

Vernunft sowie für die Herausbildung eines „Selbstbewusstseins" (vgl. Sozialpsychologie, 267), welches das bloße menschliche Bewusstsein übersteigt.

Um sich selbst als Objekt erfahren zu können, das heißt, um sein „Ich" entwickeln zu können, braucht man andere Menschen, die wiederum uns zum Objekt ihres Selbst haben und die wir auch zu Objekten unseres Selbst machen (vgl. Sozialpsychologie, 266). Durch diese Vermittlung, die durch Kommunikation erfolgt, können wir zu Objekten unseres Selbst werden. Kommunikation meint nach Mead die Verständigung mittels signifikanter Symbole; diese kommunikativen Akte referieren sowohl auf Andere, als auch auf das Individuum selbst. Kommunikation dient in diesem Zusammenhang der „Einführung eines Ich" (vgl. Sozialpsychologie, 267).

Die Entstehung eines Ichs ist in den gesellschaftlichen Prozess eingebettet, aus welchem es sich entwickelt; die Art und Weise, wie wir auf Menschen wirken und wie diese auf uns reagieren, beeinflusst unser Handeln und unser Selbstbild. Das soziale Umfeld ist demnach an der Entwicklung unseres Ichs beteiligt, sowie wir auf das Selbstbild und Selbstverständnis der uns umgebenden Menschen Einfluss nehmen. Grundsätzlich kann ein Ich nie isoliert vom sozialen Kontext betrachtet werden; jegliche Denkprozesse und Handlungen des Subjektes beziehen das gesellschaftliche Umfeld direkt oder indirekt mit ein. Mead versteht Denken als „Vorbereitung einer sozialen Handlung" (vgl. Sozialpsychologie, 269).

Ein weiterer Aspekt, auf den sich Mead in seinen Abhandlungen bezieht, betrifft die verschiedenen Formen des Ichs. Hier ist ein weiterer gemeinsamer Ansatzpunkt zu der Theorie Winnicotts zu konstatieren, der von einer „Spaltung des Selbst" spricht (vgl. 4.3f.). Wie auch Winnicott geht George Herbert Mead von verschiedenen Facetten des Ichs aus, die sich je nach Kontext und Situation auf ganz unterschiedliche Weise äußern können. Die Erklärung für diese Vielseitigkeit sieht Mead in dem Umstand verankert, dass sich das Ich aus und innerhalb des gesellschaftlichen Prozesses bildet und daher auf unterschiedlichen Erfahrungswerten beruht. Er spricht hier von verschiedenartigen Formen des Ichs, welche aus den gleichsam höchst verschiedenen sozialen Reaktionen resultieren (vgl. Sozialpsychologie, 270). Winnicott erklärt den immanenten Pluralismus im Verhalten und Handeln eines Individuums mit den unterschiedlich gewichteten Anteilen von „wahrem Selbst" und „falschem Selbst", durch dessen Vermittlung das Selbst konstituiert wird (vgl. 4.3).

Entscheidungen und Handlungen resultieren demzufolge aus einer unbestimmten Mischung aus sozialer Angepasstheit und eigenem, spontanem Impuls.

Mead und Winnicott stimmen darin überein, bei einem gesunden Menschen von dem Fall einer „multiplen Persönlichkeit" auszugehen, wobei dies ein „normales Maß" nicht überschreiten sollte. Winnicott geht aufgrund seiner Erfahrung als Arzt und Psychologe davon aus, dass der gesunde Mensch ohne größere Schwierigkeiten eine Möglichkeit findet, die eigene Identität mit dem gesellschaftlichen Umfeld zu vermitteln; auch Mead stellt in seiner *Sozialpsychologie* heraus, dass das Ich im Normalfall dual orientiert ist, und zwar einerseits an der Gemeinschaft, der man angehört und andererseits an der Situation, in welcher man sich befindet (vgl. Sozialpsychologie, 270).

In der Gemeinschaft in der wir leben existiert in der Regel ein mehr oder weniger einheitliches „Ich". Es besteht bei psychisch labilen und innerlich zerrissenen Menschen jedoch auch die reale Gefahr, dass das kollektive Ich auseinanderfällt. Dieser Mensch ist dann in bestimmten Situationen handlungsunfähig und bildet laut Mead ein „zweites Ich" heraus. Das Ergebnis sind zwei voneinander getrennte Ichs, wodurch die Persönlichkeit und Identität auseinanderzubrechen droht (vgl. Sozialpsychologie, 270). Auch hier kann ein Vergleich zu Winnicott erfolgen, der von der Abspaltung eines „falschen Selbst" zum Schutze des „wahren Selbst" spricht (vgl. 4.4). Eine schizophrene Persönlichkeit kann die Folge sein; in einem solchen Fall ist Vermittlung nicht mehr möglich, da Subjektivität und Sozialität keine konkrete Verbindung mehr haben. Das „Ich" beziehungsweise „Selbst" setzt sich dann aus zwei Anteilen zusammen, die direkt im Widerspruch stehen und keine Einheit bilden können. Beide, Winnicott als auch Mead, gehen von der Existenz mehrerer Ichs aus; „es hängt nun von der Kette damit verbundener sozialer Reaktionen ab, mit welchem Ich wir uns identifizieren" (Sozialpsychologie, 271).

Mead geht jedoch noch ein Stück weiter, indem er postuliert, dass grundsätzlich immer verschiedene elementare Ichs existieren, aus denen sich das ganzheitliche Ich eines Menschen zusammensetzt; diese verschiedenen Ichs stellen Anteile des Prozesses dar, den Mead „Identität" nennt. Gleichzeitig aber spiegeln diese Facetten die unterschiedlichen Aspekte des gesamtgesellschaftlichen Prozesses, aus dem sich das Ich entwickelt (vgl. Sozialpsychologie, 271). Die Facetten des Ichs entstehen aufgrund der subjektiven Eingebundenheit in verschiedenen gesellschaftlichen Kontexten und spiegeln sich in den sozialen Gruppen, welchen ein Mensch angehört und mit welchen er sich identifiziert; diese Menschen und Zusammenhänge waren und sind an der Ich-Entwicklung beteiligt, indem sie selbst Teile der Identität generieren.

Die angesprochene Persönlichkeitsspaltung liegt dann vor, wenn ein holistisches und vollständiges Ich in seine Komponenten zerfällt und keine Einheit mehr bilden kann (vgl. Sozialpsychologie, 271). Geht die Einheit des Ichs verloren, werden Austausch und Referenz, und damit Vermittlung unmöglich.

Wie Winnicott betont auch Mead die Bedeutung des sozialen Umfeldes, das sozusagen als Resonanzkörper dient. Durch die soziale Antwort unserer Umwelt können wir uns selbst erfahren und „kennenlernen".

Identität rekurriert demzufolge immer auf einen sozialen Kontext und auf andere Individuen. Diese notwendige Rekurrenz und Referenz wird durch Kommunikation und soziale Interaktion geleistet.

Unsere mittelbaren und unmittelbaren Erfahrungen strukturieren wir um unser Ich, das heißt, wir sind stets bemüht, vergangene Erlebnisse dem „Ich" entsprechend zuzuordnen. Um unsere Identität immer wieder neu zu konstituieren, benötigen wir ein kohärentes Bild, einen Sinnzusammenhang, welchen wir mit unserem Ich „vereinbaren" können. Da wir höchst unterschiedliche Erfahrungen machen, ist das Ich sowie die Identität eines Menschen nie etwas Festgelegtes, sondern unterliegt ständigen Wandlungen.

Um das „Ich" entwickeln zu können, müssen wir in der Lage sein, uns in andere Menschen emotional hineinversetzten zu können. Die „Haltungen anderer" verinnerlichen wir durch den Prozess der Kommunikation, vermittelt durch Gesten und Symbole. Wenn Kinder zum Beispiel einen imaginären Freund haben, üben sie diese Fähigkeit; sie „organisieren die Reaktionen, die sie bei anderen Menschen und ebenso bei sich selbst hervorrufen" (Sozialpsychologie, 277).

8.4 Selbstbewusstsein

Für Mead hängt die Entwicklung eines Selbst beziehungsweise einer Identität eng mit der Herausbildung dessen zusammen, was er „Selbstbewusstsein" nennt.
Unter Selbstbewusstsein ist das „Bewusstsein seiner selbst" (vgl. Runkel 1991: 6) zu verstehen, also das Bewusstsein über die eigene Existenz als autonomes Wesen. Selbstbewusstsein impliziert zudem eine Unterscheidung zwischen „Ich" und „Nicht-Ich", also die Wahrnehmung der Realität eines eigenen Ichs, auch wenn dieses nie ganz erfasst werden kann.
Die Herausbildung eines solchen Bewusstseins über das eigene Selbst erfolgt laut Mead bereits im frühkindlichen Prozess der Sozialisation, also in dem Zeitraum, wenn das Kind die sprachliche Verwendung der Begriffe „Ich" und „Du" realisiert und allmählich in eigene Denkprozesse integriert. Das Kind bemerkt in dieser Lebensphase, dass „ich von jeweils anderen verwendet wird, wenn der andere von sich selbst spricht, der von anderen mit du angeredet wird" (Runkel 1991: 6). Sprachlich wie psychisch beginnt das Kind zu begreifen, wenn auch noch nicht zu verstehen, dass „Ich", „Du" und „Es" relative Größen sind, welche in Bedeutung und Verwendung variieren und ineinander überführbar sind.
Die begrifflichen Relationen zu verstehen, wie etwa auch dass die eigene Mutter auch Tochter, Schwester und Tante ist, gehört zum Entwicklungsprozess des Selbstbewusstseins. Man kann sich seines Selbst nur bewusst sein beziehungsweise bewusst werden, wenn man sich auch der nichtzugehörigen Anteile seines Selbst bewusst ist. Zur Selbstbildung gehört demzufolge ganz klar auch die Selbstabgrenzung, welche durch das Wort „Ich" verbalisiert wird; „Ich bin" drückt eben unausgesprochen auch immer aus, was ich „nicht bin", oder was ich glaube nicht zu sein.
Ein weiterer Aspekt, der nach Mead eng mit der Konstitution des Selbstbewusstseins zusammenhängt, ist die *Selbstreferenz* (vgl. Runkel 1991: 7f.).
Unter Selbstreferenz ist eine reflexive Selbstbezogenheit gemeint. Demzufolge bedarf es neben dem Bewusstsein seines Selbst auch der Reflexion des eigenen Selbst, um im Meadschen Sinne von Identität sprechen zu können. Selbstreferenz ist nicht nur Grundlage, sondern auch Bedingung für Selbstbestimmung und damit wiederum für die Konstitution von Identität.

Eine völlig unabhängige Selbstreferenz ist jedoch nicht möglich, da auch immer auf gesellschaftliche Gesamtzusammenhänge verwiesen wird. Dennoch betont Mead an dieser Stelle die Diskrepanz zwischen Selbst- und Fremdbezug, die nie ganz überwunden werden kann (vgl. Runkel 1991: 7). Selbst- und Fremdreferenz stellen sich wie Identität allgemein als fließende Prozesse dar, die ineinander übergehen. Da es keinen absoluten, also von der Umwelt unabhängigen Selbstbezug geben kann, und dieser überhaupt nur in Verbindung und Auseinandersetzung mit der sozialen Umwelt herausgebildet werden kann, ist die Voraussetzung zur Konstitution von Identität die Vermittlung dieser Selbst- und Fremdreferenz.

An dieser Stelle ist eine Parallele zu Winnicott erkennbar, der ähnlich wie Mead das Selbst als Ergebnis einer Vermittlung zwischen Individuum und Gesellschaft betrachtet; beide Ansätze gehen von der Untrennbarkeit von Selbst- und Fremdwahrnehmung aus.

Das Selbstbewusstsein, welches Mead als wesentlichen Teil der Selbstbildung in der Phase der Sozialisation betrachtet, stellt auch bei Winnicott einen wichtigen Aspekt dar; demzufolge muss das „wahre Selbst" zur Realität werden, wozu die Bewusstwerdung über die eigene Existenz und die subjektive Eingebundenheit in soziale Kontexte eine erhebliche Rolle spielt.

Korrelierend mit dem Selbstbewusstsein bedarf es generell für die Möglichkeit von Kommunikation einer Vermittlung, da verschiedene Perspektiven eingenommen werden müssen; eine absolute Selbstreferenz macht Kommunikation unmöglich. Da die Identität auch von Reaktionen und Wirkungen durch das Umfeld bestimmt ist, beschreiben sowohl Winnicott als auch Mead Identität beziehungsweise das Selbst als sich wandelnder Prozess, welcher nie unabhängig von der gesellschaftlichen Einbettung betrachtet werden kann.

Um in diesem Sinne ein Bewusstsein zu erlangen, muss man nach Mead die „Haltung des anderen im eigenen Organismus haben" (Geist, Identität und Gesellschaft, 240). Die verschiedenen im Bewusstsein integrierten Haltungen der anderen Menschen dienen dabei als eine Art Kontrollinstanz für die eigenen Handlungen; völlig unabhängige und selbstbestimmte Handlungen kann es folglich nicht geben, da jede einzelne Handlung immer auch auf den gesellschaftlichen Gesamtkontext verweist. Die integrierten Haltungen der anderen Menschen sind demzufolge immer auch Teil des Selbst; sie manifestieren sich im ICH, also im „Me" des Individuums. Die unmittelbaren Erfahrungsinhalte treffen im ICH auf die verinnerlichten gesellschaftlichen Haltungen; sie erfahren in der Subjektivität des einzelnen Menschen die soziale Resonanz und werden mit dem Ich, sprich dem „I" vermittelt, welches die „Reaktion des Einzelnen auf die Haltung der Gemeinschaft" darstellt (Geist, Identität und Gesellschaft, 240).

9. Voraussetzungen für Vermittlung

9.1 Spielen und Kreativität

Wie Winnicott räumt auch Mead dem kindlichen Spiel eine zentrale Rolle für die Identitätsentwicklung ein.

Winnicott betont, dass im potenziellen Raum des Spiels die spontanen Impulse als Ausdruck des wahren Selbst wirksam werden können. Spielen kann deshalb der Entdeckung und Weiterentwicklung der kreativen Potenziale dienen und schafft den Raum für Spontanität (vgl. 5.2). Für Winnicott hängt das kindliche Spiel eng mit der „Findung" des Selbst zusammen, da im Spiel und während des Spielens das wahre Selbst zum Ausdruck kommen kann, welches sich als Teil des Selbst beziehungsweise des Subjekts konstituiert.

Auch Mead betrachtet Spielen nicht nur als kreativitätsfördernd, sondern überhaupt als Voraussetzung für Integration und als Bedingung der Selbstentwicklung (vgl. Runkel 1991: 9). Mead unterscheidet terminologisch zwischen dem Einzelspiel (*play*) und dem Wettkampf (*game*). Diese beiden Phasen beziehungsweise „Spielarten" folgen in der Identitätsentwicklung aufeinander. Während das Kind im play zunächst eine konkrete Rolle einnimmt (z. B. die der Mutter) und diese nach seinem Wissen und seiner Erfahrung spielt, versetzt es sich im anschließenden game in mehrere Personen, und nimmt damit verschiedene Perspektiven ein. Durch diese multiperspektivische Rollenübernahme hat das Kind die Möglichkeit, eine Haltung „verallgemeinerter Anderer" einzunehmen, da das Hineinversetzen in andere Personen einen Zugang zu deren Erfahrungswelt und Erwartungshaltung verschafft (vgl. Garz 2006: 45). Nach Mead ist die Ausbildung der Identität maßgeblich durch die Übernahme der Rollen konkreter und verallgemeinerter anderer bestimmt.

Spielen meint in diesem Kontext etwas „Bestimmtes" spielen und auf spielerische Weise etwas darstellen. So übernehmen Kinder meist ganz konkrete Personen in ihrem näheren Umfeld wie die eigene Mutter, die Lehrerin oder den Polizisten, den sie kürzlich gesehen haben. Durch dieses Spielen können Kinder die Reaktionen der anderen Menschen sowie ihre eigenen imaginieren. Die Neigung der Kinder zur Rollenübernahme wird oftmals von Institutionen wie Kindergärten gezielt gefördert und zur Grundlage der Erziehung gemacht (vgl. Sozialpsychologie, 278). Durch das Rollenspiel verinnerlicht das Kind „eine Reihe von Reizen, die bei ihm selbst die gleiche Reaktion hervorrufen wie bei anderen" (Sozialpsychologie, 278). Die verschiedenen Reaktionen werden dann zu einem großen Ganzen organisiert, wodurch es ermöglicht wird, dass das Kind einerseits zu sich selbst eine distanziertere Position einnehmen kann, und andererseits die verschiedenen Rollen zueinander in Beziehung setzten lernt. Durch diesen Prozess lernt das Kind die Reaktionen anderer Personen in seinen eigenen Standpunkt einzubeziehen und damit andere Menschen zu sich selbst in Beziehung zu setzten. Das Spiel stellt eine gute Übung dar, weil gerade Sportarten so organisiert sind, dass die Haltung eines Subjektes die Haltungen und Reaktionen der anderen beteiligten Spieler förmlich „provoziert" (vgl. Sozialpsychologie, 279).

Durch das Spiel kann das Kind die „partikulare Reaktion" eines „partikularen Anderen" verinnerlichen. Diese Verinnerlichung stellt nach Mead den ersten wichtigen Schritt auf dem Weg zur Entwicklung zu einem Selbst(bewusstsein) dar (vgl. Wenzel 1990: 79).

Das Spiel ist von sehr großer Bedeutung, weil das Kind noch keine Vorstellung darüber hat, wie die verschiedenen Rollen innerhalb des sozialen Zusammenhangs organisiert sind. Durch das kindliche Spiel kann ein Rollenverständnis etabliert und erweitert werden; ein umfassenderes soziales Rollenverständnis ist demzufolge Ausgangspunkt für das Nachvollziehen und Begreifen gesellschaftlicher Zusammenhänge (vgl. Wenzel 1990: 79).

Durch die Generalisierung der Haltungen anderer Menschen wird rationales und selbstbewusstes Handeln und Kommunizieren möglich.

Das kindliche Spiel stellt eine Art Übung dar, da jede Form von Kommunikation dem Einzelnen eine Art von Rollenübernahme abverlangt; erst die Nachahmung ermöglicht eine Einfühlung und Mitfühlung.

So kann die Kommunikation und Interaktion zwischen Eltern und Kindern nur funktionieren, wenn beide Seiten in der Lage sind, sich jeweils in den anderen hineinzuversetzen, das heißt kurzweilig die Rolle des anderen zu übernehmen (vgl. Garz 2006: 46); was im Spiel ein konkretes Rollenspiel war, wird bei einer Kommunikation ein mentales Hineinversetzen in die Situation und die Emotionen eines Menschen; Mitgefühl, sofern es echt und nicht „gespielt" ist, kann nur durch die mentale Rollenübernahme und den damit korrelierenden Nachvollzug der (vermuteten) Emotionalität einer Person entstehen.

Grundsätzlich stellt das Spiel in diesem Kontext eine Möglichkeit für das Kind dar, selbst „Regeln" zu entwickeln. Diese (Handlungs-)Regeln rufen gezielt ganz bestimmte Reaktionen beziehungsweise Reaktionsketten hervor; Kinder nehmen deshalb verschiedene Rollen an, um immer wieder unterschiedliche Regeln und daraus resultierende Haltungen sozusagen „auszutesten". Ergebnis dieser Spieltechnik ist eine „organisierte Reihe von Reaktionen" (vgl. Sozialpsychologie, 279). Man könnte sagen, dass das frühkindliche Spiel eine Art Vorbereitung für den gesellschaftlichen Integrationsprozess darstellt; wie bereits spielerisch getestet unterliegt auch das spätere Leben gewissen Regeln, und auch im „wahren Leben" wird das eigene Handeln und Denken von den Reaktionen anderer Menschen beeinflusst. Die im Spiel generierten Reaktionen sind jedoch noch relativ ungeordnet; nach Mead hat das Kind in dieser Phase noch kein vollständig entwickeltes Ich. Das regelhafte Spiel „stellt einen Übergang im Leben des Kindes dar; einen Übergang vom Spielen fremder Rollen zur organisierten Teilnahme ..." (Sozialpsychologie, 280).

Auch Winnicott betrachtet das frühkindliche Spiel als eine Phase des „Ausprobierens"; auf spielerische und unbefangene Weise kann sich das Kind den Objekten der Umwelt nähern und sie kennenlernen. Im Spiel kann sich das Kind demnach selbst „entdecken" und in Kontakt mit der Umwelt treten, eine Umwelt, die zuvor nur aus der Mutter-Kind-Einheit bestand. Im potenziellen Raum des Spiels können die spontanen Impulse des Kindes wirksam werden; das Spiel stellt den Erfahrungsbereich für das wahre Selbst dar, einen Bereich, in welchem das Kind sein Selbst und seine Persönlichkeit entwickeln kann (vgl. 5.2).

Sowohl Mead als auch Winnicott sehen im frühkindlichen Spiel die erste Begegnung und Auseinandersetzung mit dem sozialen Umfeld. Dieses Begegnen wird zur Voraussetzung für jegliche Form der Vermittlung zwischen Individualität und Sozialität. Auf spielerische Weise kann das Kind „üben", sein Selbst oder Ich im Rahmen der gesellschaftlichen Umwelt zu entfalten. Entfaltung bedeutet in diesem Kontext, kreativ mit dem Vorgefundenen umzugehen, indem die eigene Wahrnehmung auf Objekte der Umwelt bezogen wird.

Dem Spiel wird dementsprechend als sozusagen (unbewusster) erster Schritt in Richtung Integration und Vermittlung eine bedeutende Funktion und Position für die kindliche Entwicklung eingeräumt.

9.2 Die Rolle der Umwelt

9.2.1 Identität als gesellschaftlicher Prozess

Identität kann nach Mead nur innerhalb der gesellschaftlichen Situation verwirklicht werden, aus welcher heraus sie sich entwickelt. In diesem Punkt stimmt er mit der Theorie Winnicotts überein, wonach das Selbst nicht außerhalb sozialer Kontexte beschrieben werden kann (vgl. 5.3). An dieser Stelle betont Mead, das sich Identität nur durch die Beziehungen zu den anderen Mitgliedern der Gemeinschaft entwickeln kann (Geist, Identität und Gesellschaft, 244), da die Erfahrung einer Identität ausschließlich aus sich heraus nicht möglich ist.
Identität wird nicht nur im gesellschaftlichen Prozess konstituiert, sie stellt selbst diesen Prozess dar; auch wenn jede Person einzigartige Merkmale trägt, ist der Prozess der Identität grundsätzlich gesellschaftlich und damit sozial bestimmt (Geist, Identität und Gesellschaft, 245).
Die Einzigartigkeit eines Individuums entsteht nach Mead durch die Unterschiede der durch die Einzelnen eingenommenen Perspektiven, da jeder Mensch einen anderen Aspekt der sozialen Beziehungen spiegelt, jedoch gleichzeitig auch die organisierte Struktur jeder einzelnen Identität den gesellschaftlichen Prozess als Ganzes wiedergibt (vgl. Geist, Identität und Gesellschaft, 245).
Damit spricht Mead ähnlich wie Winnicott der Umwelt eine wichtige Funktion bei der Integration beziehungsweise Entwicklung des Subjektes zu. Identität ist demzufolge gesellschaftlich, da diese durch die Beziehungen zu Anderen verwirklicht wird und nur bei gesellschaftlicher Anerkennung Realität werden kann (vgl. Geist, Identität und Gesellschaft, 248). Eine Identität oder ein Selbst völlig unabhängig von der sozialen Umwelt ist weder nach Winnicott noch nach Mead denkbar; zur Identitätsentwicklung gehört der Vergleich mit anderen Menschen, und diese dienen als eine Art Spiegel unseres Selbst, da man nur durch andere Menschen et-

was darüber in Erfahrung bringen kann, wie man wahrgenommen wird. Das eigene Bild von sich, also die Selbstwahrnehmung und auch das Selbst-Bewusstsein, sind entscheidend von den Reaktionen des Umfeldes bestimmt.

Identität wird nicht nur darüber konstituiert, was wir sind, sondern auch und vor allem darüber, was wir im Vergleich zu anderen eben nicht sind. Mead nennt diese Identitätsverwirklichung über Vergleich die „Hervorhebung verschiedener Bereiche der Überlegenheit", das heißt besondere Eigenschaften und Fähigkeiten, welche uns mutmaßlich positiv von anderen Menschen in unserer Umgebung unterscheiden (vgl. Geist, Identität und Gesellschaft, 249). Da unser „Me" (ICH) weitgehend vorbestimmt und klar definiert ist, brauchen wir ein individuelles „I" (Ich), um uns zu verwirklichen und kreativ entfalten zu können; die Realisierung des wahren Selbst im potenziellen Raum nach Winnicott, ist hier mit den Ausprägungen des I im Prozess der Identität bei Mead vergleichbar. Das „I" stellt demnach jene Spontanitätsinstanz dar, die uns von den Menschen unseres Umfeldes (subjektiv) unterscheidet und uns einzigartig macht. Diese Unterschiede brauchen wir zur Identitätsbildung, da gesellschaftlich ständig die Forderung im Raum steht, uns durch irgendeine Art der Überlegenheit gegenüber anderen Menschen zu behaupten (vgl. Geist, Identität und Gesellschaft, 250).

Damit stehen Individuum und Gesellschaft in einem korrelativen Abhängigkeitsverhältnis, welches mit Hilfe von signifikanten Symbolen, das heißt durch Sprache, vermittelt wird.

Die Vermittlung zwischen Subjekt und Gesellschaft ist nach Mead, wie auch nach Winnicott, die Grundvoraussetzung zur Verwirklichung von Identität beziehungsweise des Selbst. Auch eine organisierte und sich weiter entwickelnde Gesellschaft bedarf dieser Vermittlung, da die Identität des Einzelnen zum Teil des gesamten gesellschaftlichen Prozesses wird und diesen bedingt und beeinflusst (vgl. Geist, Identität und Gesellschaft, 225).

Zeitlich und logisch besteht der gesellschaftliche Prozess immer vor der Erfahrungswelt des Individuums (vgl. Geist, Identität und Gesellschaft, 230); das heißt, der Einzelne wird in eine bereits bestehende Welt integriert, welche sich jedoch durch ihn und durch die Reaktion der Umwelt auf diesen verändert. Eine soziale Interaktion ist nur in Verbindung mit dem gesellschaftlichen Prozess möglich, der dem Subjekt vorausgeht. Nach Mead kann von Geist oder Intelligenz eines Menschen nur im Kontext gesellschaftlicher Interaktion gesprochen werden, da der Geist nur „durch Hereinnahme gesellschaftlicher Erfahrungs- und Verhaltensprozesse in den Einzelnen" erfolgt ist. Diese „Hereinnahme der Übermittlung signifikanter Gesten" wird letztlich dadurch möglich, dass der Einzelnen die Fähigkeit besitzt, die Haltungen anderer Menschen einzunehmen (Geist, Identität und Gesellschaft, 235). Eine Vermittlung zwischen Subjekt und Umwelt ist demzufolge nur auf Grundlage dieser Fähigkeit möglich, was wiederum bedeutet, dass Subjektivität und Identität nur durch und in Vermittlung mit der umgebenden Welt realisiert werden können.

Denken und der intellektuelle Prozess stellt wiederum nach Mead die „früheste Erfahrungsphase in der Entwicklung der Identität" dar (Geist, Identität und Gesellschaft, 216).

Das bedeutet zusammenfassend, dass es ohne Sprache oder ohne Übermittlung von Gesten kein Denken und keine soziale Interaktion, ohne Interaktion kein Hineinversetzen in andere Menschen, ohne die Fähigkeit zur Hereinnahme der Haltungen anderer keine Vermittlung, und letztlich ohne diese Vermittlung keine Entwicklung von Identität geben kann.

9.2.2 Sozialität

Der Begriff „Umwelt" impliziert bereits eine Art Performanz, welche ich im Folgenden verdeutlichen möchte. Es ist nicht möglich eine Beschreibung seines Selbst ohne Bezug auf die Umwelt, oder eine Beschreibung seiner Umwelt ohne Selbstreferenz vorzunehmen.

Die Differenzierung zwischen „die Umwelt" und „meine Umwelt" deutet bereits an, dass es neben der allgemeinen Umwelt im Sinne der Natur auch eine individuelle, ganz persönliche Umwelt gibt. Diese persönliche Umwelt kann nicht von dem eigenen Selbst abgegrenzt werden, da man selbst Teil dieser Umwelt, und diese Teil des Selbst (geworden) ist. Gesellschaft und Natur stellen diese Umwelt dar, welche direkt oder indirekt das Individuum beeinflusst und durch das Individuum beeinflusst wird.

Wir werden als Teil der Umwelt geboren und als Mitglied der Gesellschaft aufgenommen. Wir beeinflussen nicht nur unsere Umwelt und werden durch sie beeinflusst, sondern wir „brauchen" sie auch, um zu leben. Der Säugling ist voll und ganz auf die Fürsorge der Mutter angewiesen; die Versorgung durch die Mutter sichert das Überleben.

Rein physisch betrachtet ist weder Tier noch Mensch ohne Umwelt überlebensfähig, da die Umwelt (Natur) den Lieferanten für Ressourcen darstellt, die das Überleben sichern (Nahrung, Wasser usw.). Wir befinden uns von Beginn unseres Lebens an in einem wechselseitigen Verhältnis zur Umwelt; wir haben mit dem „Lebewesen ein individuelles Ding, welches sich durch wechselseitige Determination von Lebewesen und Umwelt erhält" (Philosophie der Sozialität, 264).

Neben dieser rein physischen Abhängigkeit sind wir auch auf psychischer und emotionaler Ebene auf unser Umfeld in gewisser Weise angewiesen. Wie auch Winnicott mehrfach betont, bilden wir unser Selbst in Anlehnung und Auseinandersetzung mit der Umwelt heraus; wir können uns nur durch Bezugnahme auf den sozialen Kontext „erfahren". Darüber hinaus muss die Umwelt dem Individuum die „Freiheit" einräumen, sich entfalten und entwickeln zu können; diese Funktion, welche zunächst von der Mutter, später von der Umwelt allgemein getragen wird, bezeichnet Winnicott als „sein-lassen" und „halten" (vgl. 5.3).

Das Individuum benötigt eine vorhandene Umwelt demnach nicht nur für seine (physische und psychische) Existenz, sondern darüber hinaus auch für seine Entwicklung. In diesem Zusammenhang brauchen wir das soziale Umfeld auch, um „zu uns selbst zu finden"; sowohl Mead als auch Winnicott betrachten andere Menschen beziehungsweise deren Reaktionen und Haltungen als Spiegel des eigenen Selbst. Für die Ich-Entwicklung muss eine Identifikation aber auch Abgrenzung zu anderen Objekten und Subjekten möglich sein.

Als Lebewesen ist man auf verschiedenen Ebenen Realität; man ist beispielsweise Ehefrau, Mutter, Großmutter, Freundin und Schwester. Verwandtschaftsbeziehungen sind nur ein Beispiel für das, was Mead *Sozialität* nennt, nämlich die „Fähigkeit, mehrere Dinge gleichzeitig zu sein" (Philosophie der Sozialität, 282).

Verschiedene Aspekte unserer Persönlichkeit machen uns gerade als Mensch aus und spiegeln Teile unseres Ichs wider; die Entfaltung dieser Aspekte ergibt sich jedoch erst aufgrund der gegebenen Möglichkeiten der Umwelt. Was oder wer wir sind, sind wir immer im Kontext unseres Umfeldes. Da unsere Beziehung zur Umwelt maßgeblich durch unsere Erfahrungswerte geprägt wird, ist Sozialität nach dem Verständnis von George Herbert Mead in der „unmittelbaren Relation von Vergangenheit und Gegenwart" gegeben (Philosophie der Sozialität, 282). Sozialität beschreibt in diesem Zusammenhang einen Prozess der Veränderung, wodurch Altes mit Neuem verbunden wird. Sozialität bedeutet demzufolge auch eine Vermittlung zwischen den vorgefundenen Objekten der Umwelt und dem, was das Subjekt durch Selbstreferenz „daraus macht".

Mead führt zur Verdeutlichung dieses Ansatzes an, dass Lebensprozesse nicht auf voneinander trennbare Organismen beschränkt sind, sondern auch auf Interaktionen bezogen werden müssen. Die Veränderungen des einzelnen Menschen durch die ihn umgebende Umwelt vergleicht Mead mit einem physikalischen Ansatz, wonach „entstehendes Leben den Charakter der Welt ebenso verändert, wie entstehende Geschwindigkeiten die Eigenschaft von Massen verändern" (Philosophie der Sozialität, 297). Durch die Geburt eines Menschen kann folglich die Welt verändert werden, die wiederum das entstehende Individuum beeinflussen wird. Durch eine Geburt wird sozusagen in Anlehnung an den physikalischen Vergleich Bewegung und damit eine Dynamik freigesetzt, die erst im Laufe des Entwicklungsprozesses eine mehr oder minder feste Richtung erhält.

Wie bereits mehrfach erwähnt, kann von einem „wahren Selbst" im Sinne Winnicotts nur im gesellschaftlichen Kontext ausgegangen werden, in welchem eine Entfaltung stattfinden kann. Darüber hinaus kann dieses wahre Selbst als Potenzialität des Kindes beziehungsweise das Ich („I") nur in und durch die Vermittlung mit der Umwelt zum Ausdruck kommen. Übereinstimmend mit Winnicott, jedoch eher naturwissenschaftlich-technisch betrachtet formuliert Mead diesen Sachverhalt folgendermaßen: „In seiner reflexiven Form zeigt sich das Selbst als ein bewusster Organismus, welcher nur insofern ist, was er ist, als er von seinem eigenen System in die Systeme von anderen übergehen kann und somit in diesem Übergang sowohl sein eigenes System als auch das, in welches er übergeht, einnehmen kann." (Philosophie der Sozialität, 315).

10. Zusammenfassung: Vermittlung bei G.H. Mead

Vermittlung bedeutet für Mead die Fähigkeit, mit der angesprochenen Potenzialität bei Winnicott vergleichbar, eine spezifische zwischenmenschliche Perspektive einzunehmen. Bei dieser Perspektive nimmt das Individuum die „Haltungen anderer" ein, um resultierend aus diesem Prozess auf eigenes Handeln zu schließen (vgl. 8.1).

Identität stellt für Mead einen gesellschaftlichen Prozess dar, den er in die Konstituenten „I" und „Me" untergliedert. Das „I" stellt in diesem Kontext die Spontanitätsinstanz dar, die unberechenbare Seite des Subjekts, vergleichbar mit Winnicotts Konzept des „wahren Selbst" (vgl. 4.2). Das „Me" hingegen bezeichnet die von außen geprägte, soziale Seite des Einzelnen, Mead nennt dies die „organisierte Gruppe von Haltungen anderer, die man selbst einnimmt" (Geist, Identität und Gesellschaft, 47). Diese angepasste Seite des Subjekts kann mit dem „gefügigen Selbst" bei Winnicott verglichen werden, dessen radikale Ausprägung zur Konstitution eines „falschen Selbst" führen kann (vgl. 4.3/ 4.4). Ähnlich wie Winnicott betrachtet auch Mead beide „Seiten" als untrennbar; I und Me stellen diesbezüglich Phasen der Identität dar, sowie wahres und gefügiges Selbst sich zu einem „ganzen" Selbst vereinigen, wobei das eine jeweils von der Existenz des anderen abhängt.

Identität stellt demnach die bereits „vermittelte Erfahrung" dar, welcher Mead die Subjektivität als gleichsam „unmittelbare Erfahrung" gegenüberstellt (vgl. 8.2). Ähnlich der Konstitution des Selbst bei Winnicott kann sich die Identität nur in und durch den sozialen Prozess entwickeln und realisieren. Man könnte die Identität eines Menschen in diesem Kontext als Ergebnis der Vermittlung bezeichnen; Subjektivität hingegen als das ursprüngliche unbestimmte Potenzial eines Menschen, sozusagen als „Material" der Vermittlung.

Für George Herbert Mead äußert sich „gelungene" Vermittlung im Verhalten eines Menschen; ist dieser in der Lage, sich in andere Menschen hineinzuversetzen und diese Perspektive in seine Denk- und Handlungsschemata einzubauen, würde Mead ihn als integriert ansehen was impliziert, das Vermittlung grundsätzlich stattfindet. Diese Perspektivenübernahme generiert Identität beziehungsweise die Möglichkeit eines Identitätsbewusstseins.

Etwas oberflächlich betrachtet wurde man in Hinblick auf diesen Ansatz von Identität sprechen, wenn ein Individuum die Haltungen anderer Menschen konsequent in sein eigenes Handeln und Verhalten einbezieht. Wie zu Beginn meiner Arbeit dargestellt, bedeutet Vermittlung eine gegenseitige Bezugnahme und ein „in Beziehung setzen". Vergleicht man den Meadschen Ansatz hinsichtlich dieses Aspektes mit Winnicott, kann eine äußere Angepasstheit im Gegenteil ein Anzeichen für „Nicht-Identität" sein; wenn ein Mensch im Extremfall seine Denk- und Verhaltensmuster ausschließlich an den vorgegebenen Haltungen anderer Mitglieder einer Gemeinschaft orientiert, spricht Winnicott von der Entwicklung eines „falschen Selbst" (vgl. 4.4).

Die „Haltungen anderer" in sein eigenes Verhalten derart zu integrieren wäre dann genau das Gegenteil von dem, was Winnicott als Selbst betrachtet.

Eine Möglichkeit nach Mead, die Perspektivenübernahme schon im frühen Lebensalter zu „üben" stellt das kindliche Spiel dar. Wie Winnicott räumt auch Mead dem Spiel eine zentrale Bedeutung für die Selbst- beziehungsweise Identitätsentwicklung ein. Die Art und Weise, wie Spielen in diesem Kontext jedoch fördernd wirken kann, ist unterschiedlich; während Winnicott das Spiel als „potenziellen Raum" betrachtet, in dessen Grenzen das Kind seine Kreativität zum Ausdruck bringen kann und dadurch sein Selbst entwickelt (vgl. 5.2), kann das Kind laut Mead auf spielerische Weise die spezifische Haltung „üben", die er als Voraussetzung für Identität betrachtet (vgl. 9.1).

An dieser Stelle ist ein grundsätzlicher Unterschied zwischen beiden Theorien zu konstatieren; im Sinne Winnicotts hat das Kind im „potenziellen Raum" des Spiels die Möglichkeit, in diesem Sinne relativ frei zu agieren (es sein denn, die Eltern greifen ein, oder erstellen eine Art Vorgabe für das Spiel). In Rahmen dieser „Freiheit" kann und soll das Kind seinen natürlichen Impulsen folgen; diese Art des man könnte sagen „Auslebens" ist ein Privileg des Spiels. In diesem potenziellen Raum kann das Kind mit seiner inneren Welt der äußeren Realität der Objektwelt ungehindert begegnen, sie „vermitteln" (vgl. 5.2). Nach Mead liegt der Sinn und Zweck des Spiels nicht in einer derart freien Entfaltung, sondern vielmehr in einer strukturellen Einübung dessen, wozu das Kind sein ganzes Leben aufgefordert wird; die Hineinversetzung in andere Menschen und das eigene Interagieren daran zu orientieren. Man könnte sagen, dass der basale Zweck des

Spiels (nach Mead in „play" und „game" unterteilt) (vgl. 9.1) in erster Linie darin liegt, Vermittlung zu „erlernen". Dennoch stellt für beide Theoretiker und Analytiker das kindliche Spiel sozusagen der erste Ort der Vermittlung von Subjekt und Welt, von Innen und Außen, von Individuum und Gesellschaft dar.

Eine basale Übereinstimmung in der Theoriebildung Meads und Winnicotts liegt in der Verhältnisbeschreibung von Subjekt und Umwelt; beide gehen davon aus, dass die Beziehung zwischen Individuum und Gesellschaft als korrelativ und dialektisch zu beschreiben ist. Einerseits verwirklicht sich Identität innerhalb des gesellschaftlichen Kontextes, andererseits wird Gesellschaftlichkeit durch die Gesamtheit der einzelnen Menschen gebildet. George Herbert Mead spricht hier von „Sozialität" (vgl. 9.2.2). Für das Verhältnis von Individuum und Gesellschaft, von Identität und Sozialität, ist eine gegenseitige Abhängigkeit und wechselseitige Beeinflussung kennzeichnend. Beide Komponenten bedingen sich und schaffen sich jeweils die Grundlagen ihrer Existenz und Entwicklungsmöglichkeiten. Der Mensch als soziales und interaktionelles Wesen kann sich nur als solches entwickeln, eine völlige Isolierung würde dem Subjekt sein Wesen nehmen, man könnte es nicht mehr als Individuum betrachten. Mead spricht mit seinem Konzept der Sozialität an, was auch Winnicott postuliert: Vermittlung stellt das Grundbedürfnis des Menschen als auch der Gesellschaft dar; auch wenn die Vermittlungsaufgabe als problematisch betrachtet und empfunden werden kann, handelt es sich um eine Notwendigkeit, um ein „notwendiges Problem", dessen „Lösung" nie ganz erreicht werden kann.

11. Resümee

D.W. Winnicott und G.H. Mead haben sich im Rahmen ihrer theoretischen Auseinandersetzung und praktischen Erfahrungen mit der Entwicklung des Menschen beschäftigt. Während Winnicott in erster Linie aus psychoanalytischer Sicht argumentiert und seine Erfahrungen und Beobachtungen seiner langjährigen Tätigkeit als Kinderarzt und Psychologe mit einfließen lässt, analysiert Mead aus einer eher soziologischen beziehungsweise sozialpsychologischen Perspektive.

Donald Woods Winnicott legt sein Hauptaugenmerk auf die emotionale Entwicklung im frühen Säuglings- und Kindesalter; vor allem seine therapeutische Arbeit regt ihn dazu an, die seiner Ansicht nach tief verwurzelten Gründe für psychische Störungen und Auffälligkeiten bei Kindern aufzudecken. Seine *Theorie der emotionalen Entwicklung* verortet die Ursache für viele von der Norm abweichende Entwicklungen in der frühkindlichen Phase. Die Mutter-Kind-Beziehung spielt hier eine wesentliche Rolle, eine Beziehung, welche später durch das Verhältnis Individuum und Umwelt abgelöst wird. Die intensive Bindung zur Mutter und vor allem auch die spätere auf die physische Trennung folgende emotionale Trennung hat demnach wesentlichen Einfluss auf die emotionale Entwicklung. Von großer Bedeutung hierbei ist nach Winnicott eine „hinreichend fördernde Umwelt" (vgl. 5.3), welche die Basis für die gesunde Entwicklung des Kindes darstellt. Auch wenn diese Umwelt, zunächst repräsentiert durch die mütterliche Fürsorge, einen wesentlichen Beitrag zur Integration des Kindes leisten kann, indem sie den Neugeborenen in die bestehende Umwelt als Teil derselbigen einführt, muss das soziale Umfeld das Kind auch „sein lassen" in dem Sinne, dass dem Kind genügend Freiraum zur Entwicklung und Entfaltung seiner Potenziale gegeben wird. Die Möglichkeiten zur Realisierung des „wahren Selbst" hängen mit diesen Aspekten eng zusammen, da dieses nicht von Beginn an gegeben ist, sondern als ererbtes Potenzial und einer angeborenen „Tendenz zur Integration" latent vorhanden ist (vgl. 3.2).

George Herbert Mead fokussiert im Rahmen seiner *Sozialpsychologie* das menschliche Verhalten *(behavior)* und analysiert, auf welche Weise und durch welche Mechanismen das Selbst und die Identität gebildet werden. Gemäß seiner Annahmen entwickeln sich Geist und Identität eines Individuums innerhalb des

Verhaltens; er intendierte den komplexen Zusammenhang von Geist, Identität und Gesellschaft zu beschreiben.

Zu seinen wichtigsten theoretischen Annahmen gehört sie Einsicht, dass sich die Identität innerhalb eines gesamtgesellschaftlichen Prozesses entwickelt (vgl. 8.3). Dies geschieht durch die „Interiorisierung der Übermittlung von Gesten", indem der Einzelne also die Haltungen anderer Menschen auf eigene Denk- und Handlungsmuster bezieht und verinnerlicht. Die Verinnerlichung ermöglicht Vermittlung, stellt diese sogar dar. Identität wird über diesen Prozess gebildet. Individuelle Handlungen werden in diesem Kontext als Teile der gesamtgesellschaftlichen Handlung gesehen; subjektive Handlungen kann es ohne soziale Bezugnahme nicht geben. Demzufolge wird ein Individuum durch diese Bezugnahme zu einer Identität; Identität ist eine vermittelte.

Während Mead hier die subjektive Bezugnahme in Form einer Verinnerlichung übermittelter Gesten als Vermittlung betrachtet, erfolgt Vermittlung für Winnicott über das „gefügige", soziale Selbst (vgl. 4.3). Dieses Selbst ist jedoch nicht vom „wahren Selbst" als Kern der Identität abtrennbar, sondern ist auch im sozialen Selbst immanent. Das wahre Selbst ist in diesem Kontext unbestimmt und sozusagen „unfindbar". Das soziale Selbst leistet die Vermittlung, die zwischen Angepasstheit und spontaner Potenzialität erfolgt. Es ist nicht eindeutig zu identifizieren, welche Anteile der Spontanität des wahren Selbst zuzuschreiben sind, und welche dem Prozess der Sozialisation entstammen.

Mead stellt der Identität, als Ergebnis der Verinnerlichung der Haltungen anderer die Subjektivität gegenüber. Identität enthält zwar in des „I" subjektive Elemente, Mead spricht hier ähnlich wie Winnicott von spontanen Impulsen, dennoch ist der Aspekt, welcher das Individuum zu einer Identität macht, nach Mead die soziale Komponente. Winnicott hingegen versteht ein Individuum als Selbst, das die Möglichkeit hat beziehungsweise dem die Möglichkeit eingeräumt wird, seine Spontanität und Kreativität zu entfalten und Wirklichkeit werden zu lassen. Das wahre Selbst bildet folglich den Ausgangspunkt für die Konstitution des Selbst und der Identität. Das soziale, gefügige Selbst schafft Möglichkeit und Raum hierzu; es arbeitet sozusagen im Dienste des wahren Selbst, indem es ihm Freiraum schafft.

Ich glaube deshalb, dass Winnicott und Mead einen ähnlichen Ausgangspunkt haben, aber mit unterschiedlicher „Gewichtung"; mir scheint die angepasste, auf die Haltungen anderer ausgerichtete Seite für Mead wichtiger zu sein. Das „I" als Spontanitätsinstanz ist demnach zwar vorhanden, dieses Ich geht jedoch in das konventionell geprägte „Me" über und wird dort einer konsequenten Prüfung in Hinblick auf den gesellschaftlichen Prozess unterzogen.

12. Literaturverzeichnis

Duden Band 5: Das Fremdwörterbuch. Mannheim 2001, S. 615.

12.1 D.W. Winnicott

Primärliteratur

Winnicott, Donald Woods: Aggression. Versagen der Umwelt und antisoziale Tendenz. Übs. Ursula Goldacker-Pohlmann, 2. Auflage, Stuttgart 1992 (Konzepte der Humanwissenschaften).

Winnicott, Donald Woods: Babys und ihre Mutter. Übs. Ulrike Stopfel. Stuttgart 1990 (Konzepte der Humanwissenschaften).

Winnicott, Donald Woods: Der Anfang ist unsere Heimat. Essays zur gesellschaftlichen Entwicklung des Individuums. Übs. Irmela Köstlin. Stuttgart 1990.

Winnicott, Donald Woods: Familie und individuelle Entwicklung. Übs. Gudrun Theusner-Stampa. Frankfurt am Main 1984.

Winnicott, Donald Woods: Kind, Familie und Umwelt. Übs. Ursula Seemann, 5., unveränderte Auflage, München, Basel 1992.

Winnicott, Donald Woods: Reifungsprozesse und fördernde Umwelt. Übs. Gudrun Theusner-Stampa. Gießen 2002.

Winnicott, Donald Woods: Vom Spiel zur Kreativität. Übs. Michael Ermann, 8. Auflage, Stuttgart 1995 (Konzepte der Humanwissenschaften).

Sekundärliteratur

Davis, Madeleine/ Wallbridge, David: Eine Einführung in das Werk von D.W. Winnicott. Übs. Nina Weller unter Mitarbeit von Andrea Streicher. 2. Auflage, Stuttgart 1995 (Konzepte der Humanwissenschaften).

Schäfer, Gerd E.: Donald W. Winnicott. In: R. Fatke/ H. Scarbath (Hg.): Pioniere psychoanalytischer Pädagogik. Frankfurt am Main 1995, S. 67-81 (Erziehungskonzeptionen und Praxis; 27).

Sesink, Werner: Einführung in die Pädagogik. Münster 2001 (Bildung und Technik; 1).

Sesink, Werner: Vermittlungen des Selbst. Eine pädagogische Einführung in die psychoanalytische Entwicklungstheorie D. W. Winnicotts. Münster 2002 (Bildung und Technik; 2).

12.2 G.H. Mead

Primärliteratur

Mead, George Herbert: Geist, Identität und Gesellschaft aus der Sicht des Sozialbehaviorismus. Frankfurt am Main 1968.

Mead, George Herbert: Philosophie der Sozialität. Aufsätze zur Erkenntnisanthropologie. Frankfurt am Main 1969.

Mead, George Herbert: Sozialpsychologie. Berlin 1969.

Sekundärliteratur

Garz, Detlef: Sozialpsychologische Entwicklungstheorien. Von Mead, Piaget und Kohlberg bis zur Gegenwart. 3., erweiterte Auflage. Wiesbaden 2006, S. 40-50.

Runkel, Gunter: George Herbert Mead, der Symbolische Interaktionismus, das Selbst und die Sozialisation. Arbeitsbericht Nr. 90. Lüneburg 1991 (Vortrag in der Sektion "Soziologische Theorien" der "Deutschen Gesellschaft für Soziologie" am Max-Planck-Institut für Bildungsforschung in Berlin).

Wagner, Hans-Josef: Rekonstruktive Methodologie. George Herbert Mead und die qualitative Sozialforschung. Opladen 1999 (Qualitative Sozialforschung; 2).

Wenzel, Harald: George Herbert Mead zur Einführung. Hamburg 1990.